JN280314

図でわかる教職スキルアップ ４

skill up

社会性と個性を育てる
毎日の生徒指導

犬塚文雄

編集

図書文化

まえがき　これからの生徒指導

　本書では，現在の子どもたちや学校の様子を踏まえ，これからの生徒指導のねらいとして，"子どもたちのいのちを守り，いのちを輝かす"を掲げます。

　このねらいを実現するためには，"子どもたちのいのちを守る"を主たる守備範囲とする「消極的生徒指導」と，"子どものいのちを輝かす"を主たる守備範囲とする「積極的生徒指導」の，二形態のどちらも充実させることが重要だと考えます。

　そして次に，平成に入ってからの子どもたちの"新しい荒れ"に対して，文部科学省が生徒指導の重点として示している「セーフティ，カウンセリング，ガイダンス，チーム」という4つのキーワードが重要だと考えます。

　つきましては，各テーマの特性に応じて重点化を施しつつ，上記との関連を意図して各節各項を設けました。

　本書の特色としては，次の2点を実践のスタンスとして大切にしたいと考えています。

　1つは，「はじめにペーシングありき」ということです。いきなり診断的に指導を行うのではなく，子どもたちのペースに寄り添うこと（ペーシング）から指導を始めます。

　もう1つは，プラグマティックな視点です。子どもたちの具体的な変化に応じて，実際に何ができるかという視点を大切にしたいと考えます。

　つまり，子どもたちの状態像を把握したうえで，その改善に有効な手だてとして，すべての先生に活用していただけるものを，本書では紹介したいと考えています。

　　平成18年8月　　　　　　　　　　　　　　　編者　犬塚文雄

図でわかる教職スキルアップ 4
社会性と個性を育てる 毎日の生徒指導　目次

第1章　生徒指導の理論

〈生徒指導とは〉
1　"新しい荒れ"への対処の基本 ── 10
2　基本スタンスとめざす方向 ── 13
3　積極的生徒指導と消極的生徒指導 ── 17

〈生徒指導の方法〉
4　出発点としての児童生徒理解 ── 20
5　機能としての生徒指導 ── 24
6　チームガイダンスの時代 ── 26
7　生徒指導の前提―燃え尽き予防― ── 29

第2章　毎日の教育課程で行う実践

〈基本的生活習慣・基本的行動様式の指導〉
1　基本的生活習慣の指導のねらい ── 32
2　基本的生活習慣の指導のしかた ── 34
3　基本的生活習慣の指導のポイント ── 36

〈学校のきまり遵守・社会的規範意識の指導〉
4　学校のきまり遵守の指導のねらい ── 38
5　学校のきまり遵守の指導のしかた ── 40
6　学校のきまり遵守の指導の深まり ── 42

〈教科指導〉
7　教科指導における生徒指導のねらい ── 44
8　教科指導における授業規律の維持 ── 46
9　教科指導における自己指導力の育成 ── 48

〈道徳と総合的な学習の時間〉
 10 道徳と総合的な学習の時間のねらい —— 50
 11 道徳と総合的な学習の時間の進め方 —— 52
 12 道徳と総合で行う「聴き合い活動」 —— 54

〈特別活動〉
 13 特別活動のねらい —— 56
 14 特別活動の進め方 —— 58
 15 特別活動のポイント —— 60

〈学級経営〉
 16 学級経営のねらい —— 62
 17 学級経営の進め方 —— 64
 18 学級経営のポイント —— 66

第3章　多様な場面で行う実践

〈不登校〉
 1 学級復帰支援のねらい —— 70
 2 学級復帰支援の進め方 —— 72
 3 学級復帰支援のポイントと留意点 —— 74

〈いじめ〉
 4 いじめの理解と指導のねらい —— 76
 5 いじめ解決の進め方 —— 78
 6 いじめ解決のポイントと留意点 —— 80

〈非行問題〉
 7 非行問題の生徒指導とは —— 82
 8 非行問題の指導のしかた —— 84
 9 非行問題の指導のポイント —— 86

〈発達障害〉
 10 発達障害とは —— 88
 11 発達障害の二次障害 —— 90
 12 二次障害の予防と対応 —— 92

〈性教育と保健指導〉
13　性教育と保健指導のねらい ─────────── 94
14　性教育と保健指導の進め方 ────────── 96
15　性教育と保健指導の評価とポイント ─────── 98

〈キャリア教育と進路指導〉
16　キャリア教育と進路指導のねらい ──────── 100
17　キャリア教育と進路指導の進め方 ──────── 102
18　キャリア教育と進路指導のポイント ─────── 104

〈チームサポート〉
19　チームサポートとは ──────────────── 106
20　チームサポートの進め方とポイント ─────── 108

〈学校危機介入〉
21　学校危機介入とは ─────────────── 112
22　学校危機介入の進め方 ─────────── 114
23　学校危機介入のポイント ─────────── 116

第4章　身につけておきたい診断技法

1　Q-U（楽しい学校生活を送るためのアンケート）──── 120
2　POEM（生徒理解カード）─────────── 122
3　PASカード（進路適性診断システム）────── 124
4　エゴグラム ────────────────── 126
5　OKグラム ────────────────── 128
6　S-HTP法 ─────────────────── 130
7　動的学校画 ────────────────── 132

第5章 身につけておきたい個別支援技法

1 感情表出トレーニング（TEE） — 136
2 描画TEE（描画による感情表出トレーニング） — 138
3 行動目録法 — 140
4 コラージュ法 — 142
5 ロールレタリング（役割交換書簡法） — 144
6 ソリューション・フォーカスト・アプローチ — 146
7 コーチング — 148
8 自律訓練法 — 150
9 内観法 — 152
10 ロールプレイ — 154

第6章 身につけておきたい集団支援技法

1 構成的グループエンカウンター — 158
2 対人関係ゲーム・プログラム — 160
3 アイスブレーキング — 162
4 学校グループワークトレーニング — 164
5 ピア・サポート — 166
6 集団アサーショントレーニング — 168
7 集団ソーシャルスキル教育 — 170
8 自然を体感する感性の教育 — 172
9 PAプログラム（Project Adventure Program） — 174
10 ニュー・カウンセリング — 176
11 VLF 思いやり育成プログラム — 178
12 モラルスキルトレーニング — 180
13 ライフスキル教育 — 182

基本図書一覧 — 118, 134, 156
生徒指導の情報 — 68
さくいん — 184

第1章

生徒指導の理論

〈生徒指導とは〉
1 "新しい荒れ"への対処の基本
2 基本スタンスとめざす方向
3 積極的生徒指導と消極的生徒指導

〈生徒指導の方法〉
4 出発点としての児童生徒理解
5 機能としての生徒指導
6 チームガイダンスの時代
7 生徒指導の前提―燃え尽き予防―

〈生徒指導とは〉

1 "新しい荒れ"への対処の基本

> 平成の新しい荒れは，現実生活の中で一次的な欲求を充足することが困難な「自己暴発する子」が特徴的だ。生活条件の整備が，いのちを守り・いのちを輝かせる生徒指導として，重要さを増している。

● 子どもたちの"新しい荒れ"

　平成に入ってからの子どもたちの荒れを指す言葉として"新しい荒れ"が用いられることが多い。この代表的な特徴としては以下の4点がある。

　まず，「①いわゆる"普通の子"のいきなり型」である。これまでの反社会的・非社会的・向社会的といった枠組みで生徒指導の対象分類を行うことがもはや困難となってきていることを示唆している。

　次に，「②衝動的突発型」と「③凶悪性」である。これらは①のいきなり型の具体的な特徴を示すものである。さらに，「④グループの影響を受けやすい」は，仲間関係の同調圧力（ピアプレッシャー）に神経をすり減らす最近の子どもたちの状況を反映したものである。

　こうした4つの特徴からなる"新しい荒れ"は，戦後の子どもたちの荒れを時代区分したときに，"第4の波"に位置するといわれている。
・第1の波：終戦直後の物質的窮乏の時代の子どもたちの荒れ
・第2の波：高度経済成長の中で都市化の波が全国に浸透した時代の荒れ
・第3の波：バブルがはじけた昭和60年前後，地域では遊び型非行が深刻
　　　　　　化し，学校では校内暴力が吹き荒れた
・第4の波：平成に入ってからの"新しい荒れ"

● "自己暴発"する子どもたち

　さて，"新しい荒れ"の特徴としてもう1つ，筆者（犬塚）は，生徒指導との関連で，「⑤自己暴発する」子どもたちの状況に注目している。

第1章　生徒指導の理論

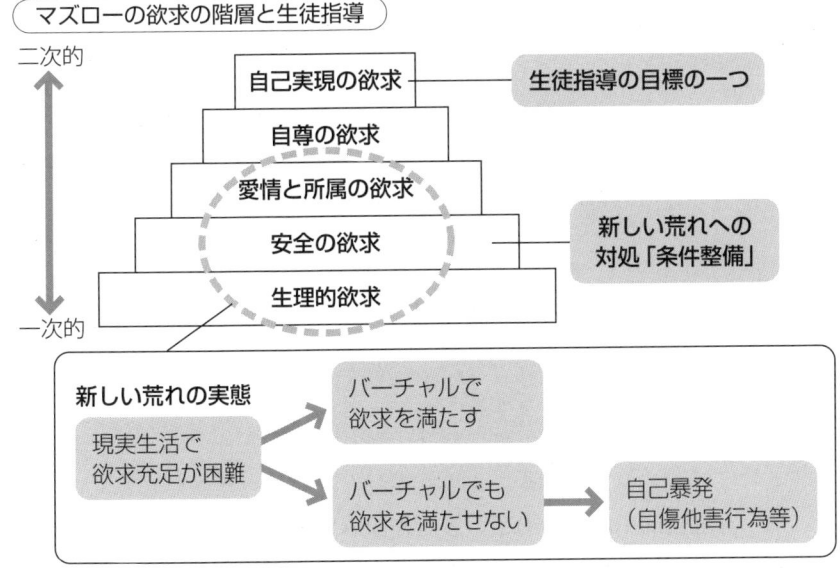

　有名なA.マズローの「欲求の階層モデル」（上図）の最上級の「自己実現の欲求」を，子どもたちが充足していくことへの支援が，今日，生徒指導の具体的目標の1つとしてあげられている。
　この自己実現の欲求充足のためには，それ以前の段階の欲求充足が前提となるが，最近の子どもたちの気になる状況として，現実生活の中で，こうした下位の欲求を充足することが困難なケースが目につく。
　現実生活の中でなかなか欲求を充足できずに不満をつのらせる子どもたちの多くが，バーチャルな世界に矛先を向けて欲求を満たそうとする。しかしそれでも満たされずに不満をエスカレートさせていく一部の子どもたちの中に，残念ながら，自己実現ではなく"自己暴発"（自分の衝動・欲求を暴力的に発散）する子どもたちが現れてくる。自己暴発する際の代表的な表出行動が，バーチャルな世界でしか通用しない手段を用いた自傷他害行為である。
　自己暴発する子どもたちに対して，がまんする力・欲求不満耐性力の育

参考文献　A.H.マズロー著，上田吉一訳『完全なる人間―魂のめざすもの―』誠信書房

11

成が必要であるとする主張が、生徒指導関係者の間で叫ばれている。しかしその前に必要なのは、マズローの欲求の階層モデルに示された基本的欲求を、現実生活の中で子どもたちが充足するための条件整備である。

例えば、最下層の生理的欲求では、栄養や睡眠・運動が十分にとれているかどうか、その条件整備を家庭や地域との連携を通して図っていくことが、子どもたちの自己実現をめざす生徒指導担当者に期待されている。

対処の基本としての4つのキーワード

自己暴発を含めた5つの特徴をもつ"新しい荒れ"に対しては、例えば、第3の波で吹き荒れた校内暴力を力で抑え込むようなこれまでの生徒指導は、もはや通用しなくなってきている。

そこで平成9年の少年Aの事件以降、繰り返される青少年の凶悪犯罪や、不審者による校内乱入の深刻な事態を受けて、文部科学省が緊急報告書の中で対処の基本として強調してきたのが「セーフティ」「カウンセリング」「ガイダンス」「チーム」の4つのキーワードである。

まず、安全確保のセーフティでは、被害児の安全が最優先されることはいうまでもないが、加害児や一般の子どもも含めて安全を脅かす事態の解消を図っていくことが何よりの急務となっている。

次に求められるのが、子どもたちとじっくり、しっかり向き合うカウンセリングである。カウンセリングは、彼らが見失いかけていた自分らしさや自分のペースやリズムを取り戻していくうえで有効な支援の手だてとなる。

さらに求められてくるのが、子どもたち自らが、個別にあるいはグループで、問題の解決に立ち向かう際のヒントとなる情報や体験を、彼らの発達段階に応じて提供していくガイダンスである。

これら3つのキーワードを一人の教師が背負い込んでとり行うのではなく、もう1つのキーワードであるチームで支援していくことが、"新しい荒れ"への対処の基本として求められている。

本書では、この4つのキーワードをどのように取り入れ、組み合わせて生徒指導を実践していったらよいか、その参考となる支援モデルを、第一線で活躍されている分担執筆者の協力を得て、具体的に例示していきたい。

〈生徒指導とは〉

2 基本スタンスとめざす方向

これからの生徒指導に求められる基本スタンスは、"初めにペーシングありき"とプラグマティックな視点。そのうえで、いのちを守り・いのちを輝かせるという生徒指導の実践目標を追求していく。

▶ 初めにペーシングありき

　筆者（犬塚）は、現在、大学において現職の教師を対象に臨床生徒指導の講義と演習を担当している。臨床生徒指導とは、一言でいえば、教育臨床の視点から生徒指導をとらえ直した理論と実践である。

　この「臨床」のギリシャ語源であるクリニコスに託された意味合いが、まずは、子どもたちのペースに寄り添うことを示す"初めにペーシングありき"である。そして、ペーシングの代表的な手だてがカウンセリングである。

　これからの生徒指導実践に求められる基本スタンスとして注目している"初めにペーシングありき"であるが、残念ながら、"初めに診断・指導ありき"の先生たちの動きが目につく。例えば、発達上の困難を抱えた子どもたちに対して、「あの子はAD／HDだ。LDだ。この子はアスペルガーだ」と診断用語が飛び交う光景を見かけることがある。

　しかも、スクールカウンセラーが、校内のミニドクターとして、診断の"お墨付け役"として機能している状況もうかがえる。校内研修会で、ある先生は「スクールカウンセラーからあの子はAD／HDだと言われ、自分の見立てが正しかったので安心した」と述べている。先生は安心できても、当の子どもは逆に見捨てられ、不安を募らせていくといった事態が起きかねない。このような状況を、筆者は真剣に憂慮している。

　誤解のないように指摘しておきたいが、診断（アセスメント）は大切である。ただ、適切な診断をし、それに基づいた対処（トリートメント）を

〈生徒指導とは〉❷ 基本スタンスとめざす方向

生徒指導の基本スタンス

　行っていくためにも，"初めに診断・指導ありき"ではなく，"初めにペーシングありき"が基本スタンスとして求められている。
　ペーシングには，子どもたちの不安をやわらげ，癒す効果がある。心のこもった誠実なペーシングは，「私はあなたの味方です」「私はあなたを見捨てません」というメッセージを子どもたちに自然な形で伝える。
　さらに，ペーシングを通して「自分は大切にされている」と感じる子どもたちに，先生に心配をかけるような危険な行動を踏みとどまらせる意識が徐々に芽生えていくことも，最近の調査研究で明らかにされている。
　子どもたちの安全が脅かされる深刻な事態が続出している昨今，危機予防の観点からも，"初めにペーシングありき"の意義はきわめて大きい。

プラグマティックな視点の重視

　これからの生徒指導実践に求められる基本スタンスとして，もう１つ，筆者が注目しているのがプラグマティックな視点である。例えば，学校に

第1章　生徒指導の理論

適応できずに苦しんでいる子どもたちに対して，彼らの現実状況からかけ離れたところで，いきなり"何をすべきか"（当為）が語られることがある。プラグマティックな視点は，"何をすべきか"の前に，彼らの現実状況の変化に応じて"具体的に何ができるか"を重視する。

その際，「この手だてはよくて，あの手だてはよくない」といったとらえ方は基本的にはしない。むしろ，"どこで使えるか"が大事であり，極論をいえば，使える手だては何でもOKというスタンスである。ドラえもんのポケットのように，のび太やジャイアンたちが元気が出てくるような手だてをいろいろ用意しておくことが大切である。

本書の第5章と6章で紹介する「身につけておきたい個別・集団支援技法」は，"具体的に何ができるか"のメニューとして，"ポケット"に入れておくことをおすすめしたい手だてを集めたものである。

ただし，われわれはドラえもんにはなれない。一人の教師が用意できるものは限られており，また，手だての中には得手なものと不得手なものがある。そうした意味からも，第4のキーワードである"チーム"による支援が求められているのである。

子どもたちの"いのちを守り・いのちを輝かせる"ための生徒指導

生徒指導は何をめざすかについて，昭和40年刊行の『生徒指導の手引き』以来，文部科学省が一貫して掲げ続けてきているのが，子どもたちの"自己指導の発達を図ること"であり，"自己指導力の育成"である。

この背景には，アメリカのガイダンス重視の考え方が読み取れる。この点に関連して，ガイダンス研究の第一人者であるA.トラックスラーは，「生徒指導が理想とする目標は，生徒が完全で成熟した自己指導のできるようになるまで，その発達を助けていくことにある」と指摘している。

また，水戸谷貞夫は，この自己指導の具体目標の1つとして，前項で取り上げた自己実現を位置づけ，「自己指導は，現在及び将来の生活における自己実現を目指すものである」と述べている。

ところで，アメリカのガイダンスの源流をさらにさかのぼると，"教育学の父"といわれるドイツのJ.ヘルバルトの管理を意味する"Regierung"

引用文献
Traxler, A.E.『Techniques of Guidance.』Harper & Bros. pp.2
水戸谷貞夫『自己指導を育てる生徒理解』ぎょうせい，1-20頁
J.F.ヘルバルト著・三枝孝弘訳『一般教育学』明治図書

15

〈生徒指導とは〉 **2** 基本スタンスとめざす方向

生徒指導の実践目標

いのちを守る　　　　　いのちを輝かせる

と訓育を意味する"Zucht"に行きあたる。

　200年前の1806年に刊行された『一般教育学』の中で示されたこの2つの言葉は，次項で詳述する生徒指導の2形態（消極的生徒指導と積極的生徒指導）の原型といわれている。

　筆者は，臨床生徒指導の視点から，子どもたちの今日的状況を踏まえて，J.ヘルバルトの"Regierung"という言葉に「子どもたちのいのちを守る」，もう1つの"Zucht"という言葉に「子どもたちのいのちを輝かせる」といった具体的な意味づけを行っている。

　そして，この「子どもたちのいのちを守り・いのちを輝かせる」を，これからの生徒指導の実践目標として位置づけている。

　なお，文部科学省の重視する自己指導と関連づけると，「子どもたちが自らのいのちを守り・自らのいのちを輝かせる」をめざすことになるが，これは『生徒指導の手引き』の12頁に示された「究極的な目標」といえるであろう。

〈生徒指導とは〉

3 積極的生徒指導と消極的生徒指導

生徒指導の形態は、積極的生徒指導と消極的生徒指導に分けられる。消極的生徒指導が悪いという誤解や、偏った実践を乗り越えることが、これからの課題だ。

▶生徒指導の2形態

子どもたちの人格形成、とりわけ、彼らのいのちを守り、いのちを輝かせるために、これまで学校教育の"要（かなめ）"となってきたのが生徒指導である。この生徒指導は、一般に、消極的生徒指導と積極的生徒指導の2形態に分類して用いられることが多い。

このうち、特に子どもたちの"いのちを守る"側面を主たる守備範囲としているのが消極的生徒指導であり、彼らの"いのちを輝かせる"側面を主たる守備範囲としているのが積極的生徒指導である（次頁表参照）。

積極的生徒指導は、さらに、全校児童生徒を対象とするものに対しては開発的カウンセリング、一部の児童生徒を対象とするものに対しては治療的カウンセリングという表記を用いた分類も示されている。もちろん、ここで用いられる治療は、専門家が扱う精神病理レベルの意味合いでないことは論をまたないであろう。

▶消極的生徒指導はよくないのか？

ところで、子どもの権利条約やカウンセリングが学校現場に浸透していくなかで、現職教員の間に「積極的生徒指導がよくて消極的生徒指導はよくない」といった二項対立的にとらえる傾向が一時期見られた。そこには、"消極的"という言葉のもつネガティブな響きが多分に影響していることがうかがわれる。

前述のA.マズローの欲求の階層モデル（11頁参照）をひもとくまでもな

生徒指導の形態分類

対象＼形態	消極的生徒指導	積極的生徒指導
全校児童生徒	● 安全確保のための管理 ● きまりの遵守	● 個性・よさ・もち味の開発援助 ● 発達課題への支援
一部の児童生徒	● ルール違反の児童生徒への毅然とした対処	● SOSを発している児童生徒の心の傷を癒す手あて

く，子どもたちの基本的欲求といえる安全の欲求が充足されるためには，安全確保をめざした消極的生徒指導が重要となってくる。なぜなら，その土台なくしては積極的生徒指導がめざす自己実現の欲求の充足はきわめて困難なものになると思われるからである。

また最近，アメリカでクリントン政権時代に注目された，子どもたちの安全が確保されるために，ルール違反に対して毅然とした対処をする「ゼロトレランス（寛容ゼロ）」が，日本でも話題となっている。

実際の生徒指導は多面的

上に示した生徒指導の形態分類はあくまでも便宜的なものであり，現実には，生徒指導の実践の多くが，まさにこの境界ラインでとり行われているといえるであろう。

例えば，昇降口での朝の校門指導は，一般的には消極的生徒指導に位置づけられよう。ただ，多くの教師は，服装や髪型の乱れをチェックしつつ，

一人一人の顔の表情や仲間関係の変化を見取り，必要があれば声かけをし，チャンス相談に持ち込むといった，消極・積極の両方に目配りをした実践を行っているのである。

消極的生徒指導と積極的生徒指導の影

　消極的と積極的の２形態が，生徒指導のいわば車の両輪をなすことは論をまたないであろう。繰り返しになるが，子どもたちのいのちを守る側面を守備範囲としている消極的生徒指導は，"安全の確保"をめざしており，その代表的な手だてがJ.ヘルバルトの"管理"（Regierung）である。

　この大事な管理が，生徒指導の実践的流れのなかで，残念ながら，子どもたちをしばりつける部分が突出した，彼らの人格や存在を傷つけ否定するような"管理主義的な脅しの対応"へと変質してきている状況がうかがわれる。これは，学校教育法の第11条で禁止されている体罰と受けとられかねない行為といえるであろう。

　同じことが積極的生徒指導にもいえる。子どもたちのいのちを輝かせる側面を守備範囲としている積極的生徒指導は，自由の保障をめざしている。その代表的な手だてがC.ロジャーズの"受容"（acceptance）である。

　ところが，この大事な受容が生徒指導の実践的流れのなかで，自由のはき違えを容認するような子どもたちへの迎合や甘やかし，例えば，見えすいたお世辞やご機嫌取りなどといった"受容主義的なおだての対応"へと変質してきている状況がうかがわれる。子どもたちへの共感的理解を伴わない，ただ彼らの言うことを反射的に繰り返す形だけのポーズとしての受容は，その代表といえるであろう。

影から光へ

　こうした変質が起こってくる背景にはさまざまな要因が考えられるが，その１つに，教師側のゆとりのなさがあげられる。この点に関しては，次節で対策を含めて論じることにする。いずれにしても，今日求められているのは，まさに"影から光へ"の転換に迫りうる生徒指導である。そうした視点から，さらに生徒指導の方法を問い直していきたい。

〈生徒指導の方法〉

4 出発点としての児童生徒理解

児童生徒理解とは，子どもが発する情報を「受け取る」という姿勢を前提として，子どもが安心する要因と追い込まれる要因について，客観的理解と主観的理解を行うことである。

● 理解するには，相手の下に立って，言葉と感情をキャッチボールする

　生徒指導の出発点が児童生徒理解にあることは論をまたないであろう。右図は，この児童生徒理解をイメージしてみたものであり，筆者（犬塚）は"言葉と感情のキャッチボール"と呼んでいる。

　この図のポイントは，子ども側が投手役であり，教師側は捕手役という点である。ところが，生徒指導に熱心な先生の中には，「教師たるもの，いつも投手役であらねばならない」といった強い信念をもっているケースがある。投手役の必要な場面（例えば，危機介入場面）のあることも確かであるが，少なくとも，生徒指導の出発点においては，まずはキャッチャーとしての役回りが，教師側には強く求められているといえよう。

　なお，英語の"アンダースタンド"（理解する）は，"アンダー"（〜の下に）と"スタンド"（立つ）に分解できる。すなわち，児童生徒理解には，"子どもの下に立つ"とか"子どもを見上げる"といった意味合いがこめられている。これを右図では，ピッチャーのマウンドを高くすることによって表してみた。もちろん，これは心理的な位置関係をイメージしたものである。

● 児童生徒理解の"4つの窓"

　児童生徒理解においてまず求められているのが，この"言葉と感情のキャッチボール"を通した情報収集である。いかに情報収集を行うかが，子どもたちの現実状況を的確に把握する際の決め手になるといわれている。

> 言葉と感情のキャッチボール

　それでは，捕手役の教師は，投手役の子どもが投げるボール（訴えそのものや，その中に託されている気持ち）を，具体的にどのようにキャッチしていったらよいのであろうか。
　キャッチボールを通した情報収集のポイントを，23頁の「自己検討SOATシート」に示した。ひとつめの枠を，児童生徒理解の"4つの窓"と呼んでいる。

● アンカーファクターと追い込みファクター
　児童生徒理解の基本的枠組みといえるこの4つの窓であるが，まず，縦に見て説明を加えたい。
　左側の"アンカーファクター"であるが，これは，子ども（たち）が安心して船の錨（アンカー）を下ろせるような物・人・場所など，すなわち，プラスの要因に関する情報収集の枠である。
　右側の"追い込みファクター"は，子ども（たち）をさらに追い込んでしまうことが予想されるマイナスの要因に関する情報収集の枠である。

● **主観的データと客観的データ**

　次に，横に見ていく。"主観的データ"（Subjective data）には，客観的・第三者的には見てとれない，その子ども（たち）なりの見方・感じ方・考え方・欲求・願望などに関する情報が入ることになる。

　この主観的データ収集の代表的手だてが，前節で取り上げたペーシングであり，"初めにペーシングありき"の基本スタンスは，児童生徒理解の深化を図っていくうえからも注目に値するといえよう。

　もう1つ，主観的データ収集の有効な手だてとなるのが，子ども（たち）の表現物である（例えば，生活記録帳，学級日誌，作文，描画など）。第4章で紹介する「動的学校画」や第5章で紹介する「描画TEE」などは，描画作品を通した主観的データ収集法の代表である。

　次に，横軸の"客観的データ"（Objective data）には，文字どおり客観的・第三者的に見てとれる，数量化可能な情報が入る。

　客観的データ収集法の代表が子ども（たち）の行動観察であり，特に数量化になじむ手だてとしては心理検査があげられる。第4章の「身につけておきたい診断技法」のなかには，一般の教師が実施可能な心理検査の代表的なものが示されている。

SOATシートの活用

　ところで，子ども（たち）の問題行動が深刻化すればするほど，先生方の関心は4つの窓の右下の枠に偏る傾向が見られる。それとともに，左上の枠に入ってくる情報の不足が目につく。

　子ども（たち）の心と行動はたえず変化している。どんなケースであっても，4つの窓からバランスよく情報を収集し，総合的な状況把握を行っていくことが大事である。そのうえで，"何が問題か"の評価・診断（Assessment）を適切に行い，"具体的にどうしたらよいか"の対処（Treatment）につなげていく実践力が，いままさに求められている。

　この実践力を効果的に引き出し，かつ，磨いていく手だてとして，筆者は，右のSOATシートの積極的な活用を期待している。

> SOATシート

Open Caseconference 用（開かれた事例検討会）

自己検討SOATシート

※欄の中は記入例

		アンカーファクター	追い込みファクター
S	主観的データ (Subjective data)	・積極的でチャレンジ精神に富んでいる ・興味があることには集中できる	・思い通りにいかないと，すぐにいらだち切れやすい ・勉強に対しては飽きっぽく，長続きしない
O	客観的データ (Objective data)	・力持ち，腕自慢である ・先生の手伝いはよくしてくれる	・すぐに手が出る，人や物を叩く ・ときどき教室徘徊や授業妨害が見られる

Assessment（何が問題かの評価・診断）
※欄の中は記入例

A　欲求不満耐性が弱く，現実生活の中で承認欲求が阻止されると，暴力的な発散行為を繰り返している。学業不振もその要因となっている。

Treatment（具体的にどうしたらよいかの対処）
※欄の中は記入例

T　まず現実生活の中で承認欲求が少しでも充足されるような条件整備を具体的に図っていく。そのうえで，欲求不満耐性力を育み，学業不振の改善をめざした，個人支援プログラムをチームで開発し実施する。

〈生徒指導の方法〉

5 機能としての生徒指導

> これからの生徒指導は，子どもたちの自己指導の発達を図ることをめざし，管理主義的な脅しの対応や受容主義的なおだての対応となることなく，生徒指導の2つの機能を発揮していく。

生徒指導の機能

　これからの生徒指導は，子どもたちの現実状況の変化に応じて，さまざまな手だてを柔軟に用いて支援していくことがますます求められる。それには，学習指導要領にある「生徒指導の機能」と「ガイダンスの機能」という生徒指導の2つの機能を基本的観点として取り組んでいく。

　まず前者として学校現場に浸透しているのが，坂本昇一の「自己存在感」「共感的関係」「自己決定」からなる生徒指導の機能である。子どもたち一人一人の「自己存在感」を促し，「共感的な人間関係」を育みながら，「自己決定」に委ねていく方向で機能することが期待されている。

　これはカウンセリングの実践そのものといえる。であればこそ，子どもたちが自己存在感を実感するために，教師に受容的対応が求められ，この受容と共感で自己決定に迫るという流れは，C.ロジャーズのカウンセリングをさしている。"すべての教師にカウンセリングマインドを"という要請も，この生徒指導の機能との関連で強く打ち出されているといえる。

ガイダンス機能

　自己存在感が衰弱化し，共感的関係が希薄化している子どもたちには，生徒指導の機能，すなわちカウンセリングの実践が支援のベースとなる。しかしこのベースだけでは残念ながら"自らのいのちを守り・自らのいのちを輝かせる"という生徒指導の目標には迫れないのが現実である。

　そこで平成10年（高校は11年）改訂の中学・高校の学習指導要領では，

参考文献　坂本昇一『生徒指導の機能と方法』文教書院

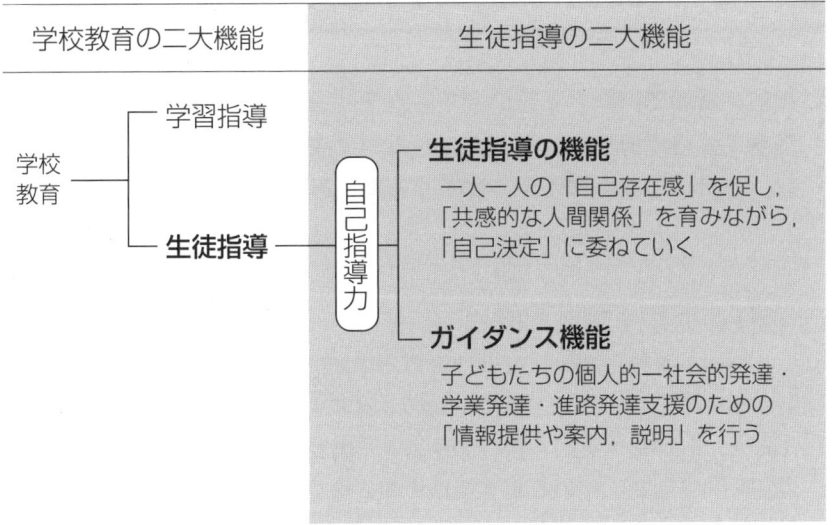

生徒指導の機能

 従来の生徒指導の機能に新たに「ガイダンス機能の充実」が付け加えられた（小学校に関しては教育課程審議会の最終答申の中で取り上げられた）。

ガイダンス機能の中核と教師の責任

 ガイダンス機能の中核的部分とは，ガイダンスの３領域といわれる子どもたちの①個人的－社会的発達・②学業発達・③進路発達支援のための「情報提供や案内，説明」である（学習指導要領の解説・特別活動編で明示）。子どもたちの自己選択，さらには自己決定を促していく際の触媒として，ガイダンス機能を発揮するのである。教師には「情報提供や案内，説明」に対するアカウンタビリティ（説明責任）の姿勢が求められる。
・説明内容の適切性：子どもたちにとって偏りのない十分な情報を提供できているかどうか
・説明方法の適切性：彼らの発達段階や置かれた状況に即した，わかりやすく，かみ砕いた説明の仕方になっているかどうか

〈生徒指導の方法〉

6 チームガイダンスの時代

複数の教師で授業をするのがチームティーチングであり，複数の教師で生徒指導にあたるのがチームガイダンスである。成功の鍵は，連携の基本を押さえ，連携する枠組みをつくることにある。

● 担任の力量を越えた時代

いじめや不登校に加え，最近は青少年の凶悪犯罪等専門家もお手上げの深刻なケースが目につく。担任一人のレベルを越えるケースは，事例に関係する人たちが知恵を出し合い，協力して対処していくことが欠かせない。

文部科学省も2004年の有識者会議の報告書の中で，抱え込み意識を捨てて日常的に連携するネットワークをつくり，個別の問題にはサポートチームできめ細かに対処していくように，教師の意識改革を強く促している。

● 連携のむずかしさを打開する，基本の「報・連・相」

中央教育審議会答申の中でも明示されているように，子どもたちの生きる力の健全育成のためにも大事な「連携」であるが，残念ながら現実は，相互に責任のなすり合いが行われたり，亀裂が生じ，相互不信に陥ったり，失望感が根づいたりといった事態が，教師対象のアンケートからわかる。

このむずかしさへの打開策は，連携の基本に立ち返ることである。

基本の第1は，一回一回の報告・連絡・相談（略して，"報・連・相"）をていねいに積み重ねていくことである。お互いの信頼感の回復が図られ，連携を継続していく土台が醸成されていく。

● 目標を共有することも連携の基本

基本の第2として，"何のための連携"であるかの確認も忘れてはならない。これがあいまいであると連携が空回りしてしまう。共通目標を何に

共通理解シート

集めたい情報の領域をチームのメンバーで決める。例えば、非行のケースでは「本人・家庭・学校・地域」など。

	アンカーファクター いのちを輝かせるための積極的生徒指導の展開に必要な情報	追い込みファクター いのちを守るための消極的生徒指導の展開に必要な情報
本人	●サッカーなど興味があることには意欲的 ●コックになる夢がある	●気分にムラがあり興奮しやすい ●時間にルーズ
家族	●夕方の犬の散歩が日課 ●母にはやさしく、食事の片付けをすることもある	●父親に反抗的 ●昼夜逆転で、朝起きられない
学校	●球技大会ではクラスのリーダー的な存在である ●女子には比較的親切	●服装・頭髪など校則違反が多い ●校内の備品を乱暴に扱う
地域	●地域のサッカークラブに入会希望 ●近くに住む叔父を信頼	●ときどき深夜徘徊する ●暴走族グループとの交流がある

※カッコ内は記入例

するかは、連携するメンバーの合意で決め、対象となる子どもたちの状況の変化に応じて修正していく。以下に目標の例を示す。

・子どもたちの生きる力の健全育成のために（中教審より）
・子どもたちのいのちを守り・いのちを輝かせるため
・反社会的行動・非社会的行動を予防し、向社会的行動を開発するため

共通理解の枠組みをつくる事例検討会

連携の実際では、「この人は情報交換してくれるのに、あの人はしてくれない」「この人は足並みをそろえてくれるのに、あの人はそろえてくれない」といった不信感や失望感などから亀裂が生じることがある。

そこで連携の基本を確認したら、「どのような情報を共有して、どこで足並みをそろえるか」という共通理解の枠組みづくりを行う。

上の「共通理解シート」は、筆者（犬塚）が生徒指導の事例検討会で実際に用いている共通理解シートである。

シートの縦軸は生徒指導の2形態と関連している。左のアンカーファクターは，子どもたちのいのちを輝かせるための積極的生徒指導の展開に必要な情報収集の枠である。右の追い込みファクターは，子どもたちのいのちを守るための消極的生徒指導の展開に必要な情報収集用の枠である。

横軸には，事例の状況に応じてチームメンバーの合意で独自の枠を設定する。以下に例をあげる。
・非行のケースに対して：本人・家庭・学校・地域
・中学生の不登校に：心と体の健康・生活習慣・対人関係・学業と進路

これを使って，下記のような事例検討会を行う。

共通理解シートを使った事例検討会

●**前半：個人検討**
①進行役のコーディネーターが，会の趣旨と進め方の説明を行う。
②事例提供者（多くは担任教師）が，用意してきたケース概要の資料を配布し，それをもとに事例の現況説明を行う（資料は慎重に扱うこと。場合によっては会終了後に回収する）。
③現況説明に対する質疑応答を行う。
④検討会メンバー全員が，共通理解シート（B5に拡大）に共通理解が必要な項目を，横軸の枠の名前とあわせて具体的に書き込む。〔休憩〕

●**後半：グループ検討**
⑤メンバー一人一人の書き込みの発表と，その分かち合いを行う。
⑥検討会として共通理解しておく必要のある横軸の枠と重点項目の絞り込みを行う。この絞り込みの共同作業が，連携を深める契機となる。重点項目が絞り込めた段階で，検討会は終結である。
⑦お互いに協力して重点項目の改善を図ることを約束。次回，その成果報告を行うことを確認して会をしめくくる。

大事な点は，メンバーが身構えることなく本音で語り合える場の雰囲気であり，コーディネーターは雰囲気づくりに大きな役割を担っている。

参考文献　石隈利紀・田村節子『石隈・田村式援助シートによる　チーム援助入門』図書文化

〈生徒指導の方法〉

7 生徒指導の前提－燃え尽き予防－

生徒指導のむずかしさがいっそう増し，生徒指導に熱心に取り組むほど，教師には燃え尽きの危険が高まる。一人一人の教師を支える学校ぐるみの組織的な対策が欠かせない。

● ゆとりが失われる教師たち

　教師の"ゆとりの確保"は生徒指導の大前提である。ゆとりがないと，次のような状況に追い込まれてしまう。
・"初めにペーシングありき"の基本スタンスがとりにくい
・消極的生徒指導は管理主義的な脅しの対応に，積極的生徒指導は受容主義的なおだての対応に，それぞれ影の部分が表面化してくる
・"生徒指導の2つの機能"の発揮が困難となる
・チームガイダンスの空回りが多くなる
・"燃え尽き"状況に追い込まれやすくなる

　現在，筆者（犬塚）は，夜間大学院で現職教師のスーパーバイザーを担当している。最近，不登校のケースを抱えて，三重苦状況に追い込まれた担任教師からの相談を受けている。当該児童からは"くそババア"呼ばわりされて人格を傷つけられ，保護者からも責められ，何よりもつらいのは，同僚からの協力が得られず孤立無援の状態で苦しんでいることであった。

　また，夜の9時過ぎまで生徒指導上の問題で学区内をかけずり回り，疲れ切って夜間の授業への参加が困難と訴える現職院生も目につく。

● "燃え尽き"が危ない！

　こうした生徒指導に悪戦苦闘している教師の前に立ちはだかる深刻な問題として，近年，燃え尽き（バーンアウト）が注目されている。

　この燃え尽きとは，「自分のことはどうでもいいから少しでも子どもた

ちのために」といった"内なる声"にかり立てられ，無理に無理を重ねている，そんな教師の状況を表している。かり立てられて行き着く先が，心身症・神経症・行動障害などに代表される燃え尽き症候群である。

文部科学省も「教員の心の健康等に関する調査研究協力者会議」（國分康孝座長）等を設置し，教師の燃え尽き予防対策を講じるにいたっている。

相談できる相手を組織する

こうした燃え尽き予防の観点からも，また，生徒指導の前提としても大事になってくるのが，既述の「ゆとりの確保」である。

具体的には，まず，自分の周囲に安心して愚痴をこぼせる，しかも，"You are OK！"（あなたはいろいろな問題を抱えているけれど，そのままのあなたでいいんだよ！）といったメッセージを送ってくれる，そんなカウンセラー的な人の確保があげられる。

この点に関連して新井肇は，燃え尽き予防には協力的生徒指導援助体制づくりが何より重要であり，その具体策として，「インシデント・プロセス」という全員参加・体験学習型の開かれた事例検討会を行い，燃え尽き予防効果を実証的に明らかにしている。

意図的なゆとりの確保

ただし，相談する相手も，いつもあてにできるというわけにはいかない。教師自らがゆとりをつくり出す努力も必要となってくる。

例えば，自分にとっての自信の源泉となるような趣味や特技を磨いたり，大自然の中にしばし浸ってみたり（ある教師は，土いじりが何よりの"元気の素"と語っている），あるいは，座右の書を読み返してみたりなど，ゆとり回復の自助努力の方法は多岐にわたっている。

筆者は，スーパーバイザーとして，燃え尽きかねない状況に追い込まれた教師たちに対して，「リキんだり，無理したり，一人でがんばり過ぎないで，"3つのA"（あせらず・あわてず・あるがままに）で取り組んでほしい。マイペースを大事に，自然体が長続きの秘訣ですよ！」と，そんなコンプリメント（ねぎらいの言葉がけ）を送るように最近心がけている。

参考文献 新井肇『「教師」崩壊—バーンアウト症候群克服のために—』すずさわ書店

第2章

毎日の教育課程で行う実践

〈基本的生活習慣・基本的行動様式の指導〉
 1 基本的生活習慣の指導のねらい
 2 基本的生活習慣の指導のしかた
 3 基本的生活習慣の指導のポイント

〈学校のきまり遵守・社会的規範意識の指導〉
 4 学校のきまり遵守の指導のねらい
 5 学校のきまり遵守の指導のしかた
 6 学校のきまり遵守の指導の深まり

〈教科指導〉
 7 教科指導における生徒指導のねらい
 8 教科指導における授業規律の維持
 9 教科指導における自己指導力の育成

〈道徳と総合的な学習の時間〉
 10 道徳と総合的な学習の時間のねらい
 11 道徳と総合的な学習の時間の進め方
 12 道徳と総合で行う「聴き合い活動」

〈特別活動〉
 13 特別活動のねらい
 14 特別活動の進め方
 15 特別活動のポイント

〈学級経営〉
 16 学級経営のねらい
 17 学級経営の進め方
 18 学級経営のポイント

〈基本的生活習慣・基本的行動様式の指導〉

1 基本的生活習慣の指導のねらい

> 基本的生活習慣を形成するには，人間の最も基本的・日常的な行動のあり方である基本的行動様式の指導を積み上げ，子どもがその意義を自覚し，自然的・自動的に行うことをめざす。

▶ 家庭の教育力の低下

　基本的生活習慣は，家庭において，ある程度の土台がつくられる。しかし最近は，家族構成の変化，家族関係の希薄化，生活様式の著しい変化，教育機能の低下など，家庭状況が変化し，実効性に陰りが生じている。

　いっぽう子どもたちは，自分本位で，耐性がなく，注意力が散漫であり，心の不安定さがあることなどが，言葉遣いや服装の乱れといった言動として現れている。行動が人格と結びついている背景に着目する必要がある。

▶ 一時的・外面的になりがちな指導

　学習指導要領第3章道徳の目標では，基本的生活習慣とのかかわりにおいて，生徒指導を中心とする学校生活全般にわたる直接的，具体的な行動の指導だけでなく，「道徳的実践」すなわち内面的な資質を高める道徳教育の育成を重ね合わせて実施していくよう広範にわたって示されている。

　しかし，基本的生活習慣の指導は，行為や型の指導の繰り返しといった，一時的，外面的な指導が多くを占めているのが実情だろう。

　子ども自身が，自分の生き方において，内在的な自覚と実践力をめざすものになっているかどうかが問われている。

▶ 習慣として定着させ，人と交わるための基礎とする

　基本的生活習慣は，子どもたちが身につけるべき最も基本となる生活習慣である。さらに日常生活を健康で安全に過ごすために，また家族や友人

> 第2章 毎日の教育課程で行う実践

[基本的生活習慣の指導]

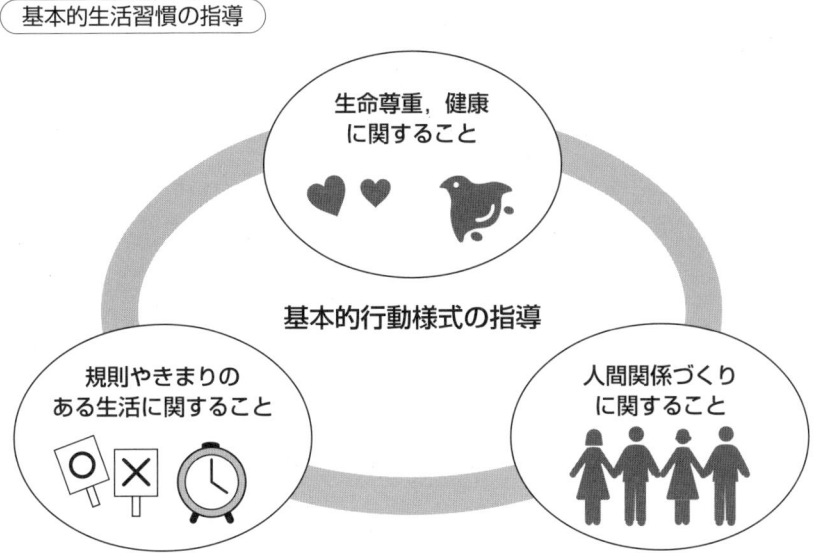

　など周囲の人々との望ましい人間関係を維持し発展させるためにも，きわめて重要である。そのためには，まず何よりも指導すべき基本的行動様式を明確にすることが肝要である。

◉ 指導すべき基本的行動様式とは

・生命尊重，健康に関すること
・規則やきまりのある生活に関すること
・人間関係づくりに関すること

　学校で指導するものは上の3つといえる。特に「人間関係づくりに関すること」では，あいさつ，正しい言葉遣い，意思を伝える，約束を守る，生活態度などが，日常で望ましい人間関係を保持するために重要である。

　そこでまず，朝の会や帰りの会，給食，掃除などの係活動，授業など子どもとのかかわりの場面に，教師自身がソーシャルスキルの姿勢をもつと同時に，意図的に子どもにアプローチしていくことが大切である。

33

〈基本的生活習慣・基本的行動様式の指導〉

❷ 基本的生活習慣の指導のしかた

> 基本的生活習慣の指導は，子ども自身が自らの行動やきまりの意義と理由を自覚し，日常生活において望ましい行為を行うことをめざして，具体的・系統的・継続的に進めていく。

▶ 発達段階にみる5つの観点

基本的生活習慣を形成するために，基本的行動様式の指導では，さきに述べた3つの内容を学校生活のさまざまな場面で実施していく。基本的な指導の流れとして，次の5つのカテゴリーを示す。
①基本的な生活習慣（身辺自立，整理・整とん）
②対人関係（コミュニケーション能力，相互理解，相互啓発）
③集団活動（所属感，役割，自己有用感）
④規範意識（自己コントロール，ルールの尊重，自己決定）
⑤社会生活（家庭・社会の一員としての自覚）

このうち，規範意識と対人関係については，人間性と社会性を育むことを目的として，重点的に取り組まなければならない。

▶「規範意識」は自己・人・物と結びつけて育てる

規範意識の希薄化や低下には，子どもの受けとめ方や意識が大きく影響している。また，周囲の大人たちや教師も見て見ぬふりをしたり，安易な声かけのみで済ませてしまうケースが多いことが要因の1つである。

これに対して教師が，「人間は『自己・人・物』とのかかわりの中で存在する」という視点をもって子どもにかかわることで，子どもに他者への思いやりの気持ちが育っていく。例えば，逸脱行為を起こした子どもがしばしば述べる「自分はだれにも迷惑をかけていない」という主張に対して，「あなた（君）の行為はどれだけ周りに迷惑をかけ，だれを苦しめている

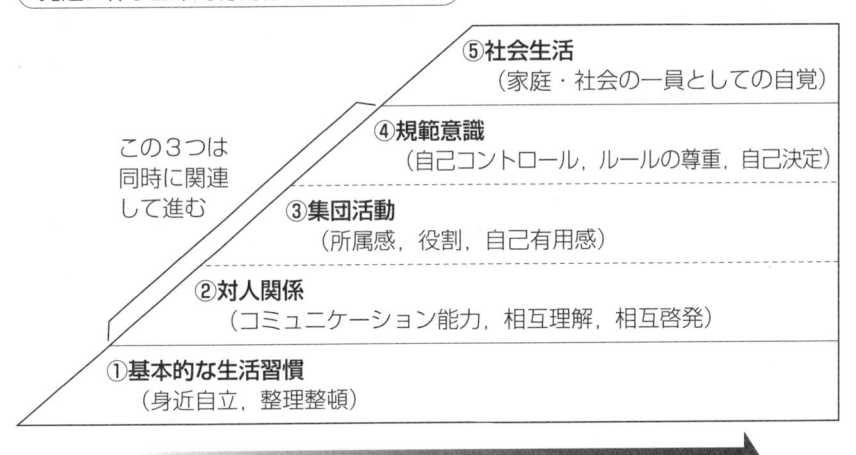

発達に伴う基本的行動様式の指導の重点

⑤ 社会生活
　（家庭・社会の一員としての自覚）

④ 規範意識
　（自己コントロール，ルールの尊重，自己決定）

③ 集団活動
　（所属感，役割，自己有用感）

② 対人関係
　（コミュニケーション能力，相互理解，相互啓発）

① 基本的な生活習慣
　（身近自立，整理整頓）

この3つは同時に関連して進む

子ども → 大人

のか，悲しんでいる人はだれか」と問いかけることが，子どもの認知・感情・行動が修正される大きなきっかけになる。

「対人関係」づくりはカウンセリングスキルを活用し，効果的に

　人間は，人との交わりの中ではじめて自分を知り，相手の言葉や相手とのかかわりを通して自己の存在を感じ，自分を大切に思い始め，いわゆる自尊感情が育まれていく。

　そこで，他者とうまくつきあう技術を習得させるために，行動療法の一技法であるソーシャルスキル教育（170頁参照）に，自己認識・共感・コミュニケーション・問題対処・自己決定のエクササイズを用いて，子どもの実態や状況に応じて，継続的に取り組んでいくことが望ましい。

　これらの取り組みを通して，自分勝手な言動を抑えたり，コントロールしたりする能力が子どもに高まり，「ルールを守る子はルールに守られる」という集団生活の基礎が身についていく。

〈基本的生活習慣・基本的行動様式の指導〉

❸ 基本的生活習慣の指導のポイント

> 基本的行動様式を適切に身につけさせる指導は、その指導のねらいを正しく理解し、子どもの発達の特徴を把握し、特質を配慮したうえで、効果的な指導方法を工夫する。

▶ 指導における5つのポイント

基本的行動様式の指導には、次の5つのポイントがある。
①生活上の一定の行為の型を指導する
②できるだけ早い時期から具体的・系統的・継続的に指導する
③道徳的実践力につなげていくように指導する
④自立的行為に発展するように指導する
⑤教師は人間性を常に意識し、児童生徒理解に努めながら指導する

▶ 早い時期からの指導を徹底する

まず、子どもの外面に表れた行動や習慣から、基本的生活習慣の度合いを判定し、指導していく。例えば、時間を守る、あいさつ、身辺整理、服装・髪型等は、比較的客観的に評価することが可能であり指導しやすい。

特に小学校低学年は大人に対する信頼や尊敬が厚いので、教師に公正で的確な指示や承認・評価を与えられることで、習慣形成のうえで最も影響を受けやすい。この時期の徹底した指導が人格形成を大きく左右する。

▶ 道徳的心情と融合させて

「いまの言動や外面のすべてが、自分の人格、生き方の反映である」ととらえさせ、認知・感情・行動を変容させて、自己成長へと指導していく。

例えば、「あいさつとは、複雑な人間関係の中で、自他共に人格の尊厳を認め合い、お互いの人間性をより豊かに実現するための言語、動作であ

【イラスト内吹き出し】
- おはようございます
- 相手を見て，頭を上げて，大きな声で言うのがいいあいさつです
- あいさつは，初めて会った人へも，いつも会っている人へも，相手を大切にする気持ちを表すんだよ。
- 自然にあいさつができると，気持ちいい学校になるよね。

道徳的実践力の面からの指導　　　　道徳的心情と融合した指導

る。だから自然にあいさつができるようになることは，社会を構成する一員として大切なことである」という道徳的心情を，小学校の時期から自覚させて，気持ちのよい明るいあいさつや，時と場をわきまえた言葉遣いが自然にできるように，しっかり身につけさせていく。

家庭・地域の密接な連携を図る

身だしなみや生活のきまりなどの指導は，家庭との連携が欠かせない。あいさつ，環境美化などの習慣は，地域社会の望ましい環境の中で育つ。

そこで家庭や地域社会と連携するには，まず，基本的生活習慣に関する実態の調査と，家庭や地域社会からの要望を調査したうえで，学校の指導方針や指導の実際を明らかにする。

例えば，学校だより，学年だより，保健・給食だよりなどの学校からの通信から，基本的生活習慣の形成をめざす学校の指導方針を知らせ，連携・協力を図っていくのである。

〈学校のきまり遵守・社会的規範意識の指導〉

4 学校のきまり遵守の指導のねらい

学校のきまり遵守（社会的規範意識）の指導とは，教師や保護者など周囲が期待する望ましい行動を，子ども自身が自律的に選択し実行することができるようになるために行う指導である。

● 規範意識が自我の確立を促す

学校における規範意識とは，「社会的に望ましい行動ができるよう自分を制御する心の働き」[1]のことであり，子どもの中で徐々に発達をしていく。

規範意識は，道徳性の発達の一部であり，他律から自律への道筋で進む。
・幼児期では親や大人の実際の規範行動をそのまま自分の行動の基準とする。
・小学校中高学年では強い仲間意識をもつ集団を形成し（ギャングエイジ），仲間集団でのルールを学ぶ。

この時期までに適切な規範意識を身につけることで，第二次性徴に伴う心身が不安定な思春期を乗り越え，社会に適応した自己の真の確立（自我のめざめ）が可能となる。そのためには，子どもの発達と実態を踏まえた，きまり遵守の指導が必要なのである。

● 年齢で異なる「きまり」への態度

小・中学生の規範意識は高いが，高校生の実際の規範行動は低い（東京都立教育研究所の調査[2]）。加齢に伴い規範意識も実際の行動も低下する。

そのなかで規範意識の高い子どもは，耐性が高く，豊富な生活体験をもっている。家庭での約束事があり，そのことをめぐって親子が向き合うことが子どもの規範意識を強化している。

小学生段階では，強い公共心をもつことで規範意識が実際に行動に移される。高校生段階では，迷いのなくなるまで習慣として繰り返すことで規範意識が定着する。

引用文献
[1]『東京都立教育研究所紀要45号』2001
[2]東京都立教育研究所が平成12年7月実施した，小学5年生488名，中学2年生386名，高校2年生389名，計1263名を対象とした調査

規範意識の発達

	幼児期	児童期	中学生期	高校生期
	他律	他律から自律へ		自律
		自我の芽生え よりよく生きたいという願い	自我の発達	
	社会的慣習，権威に従う	道徳と社会的慣習との区別 既成の価値体系への反抗		普遍的な道徳律
		基本的な生活習慣の形成	定着	
		学校の集団生活への適応		大人社会への適応

習慣化
内面化 ── 実体験を通して一般化

『東京都立教育研究紀要45号』(2001)の「規範意識をもち自立的に行動する子どもの育成に関する研究」p.7より

規範に対する保護者の考え方

保護者は，子どもが小・中学生のときは，学校内よりも公共の場での行動に対して規範を守らせようとする。そして，高校生になると規範行動に干渉しない傾向が強くなる[3]。つまり多くの保護者は，「子どもの規範意識は幼いうちに親が育むもの」と考えている。

そこで保護者のこのような姿勢を理解し，近隣地域と協同したさまざまな体験活動を継続的に実施し，まず公共心や道徳心から育てていく。

具体的な場面できまり遵守を指導する

教師は「教師の共通理解と一致した指導，保護者との連携した指導が子どもの規範意識を高める」と考え，道徳の時間より学級活動(ホームルーム活動)を，規範を指導する時間として重視している[4]。

よって特別活動など具体的な場面でルールやマナー指導を行い，道徳的実践力や社会性の育成を通してきまり遵守の指導を行うのが一般的である。

引用文献
[3] 東京都立教育研究所が平成12年7月実施した，幼・小・中・高の保護者1334名を対象とした調査
[4] 同調査で，幼・小・中・高の教師597名を対象とした調査

〈学校のきまり遵守・社会的規範意識の指導〉

5 学校のきまり遵守の指導のしかた

> 学校のきまり遵守の指導は，学校の教育方針に基づいて，生活指導，学習指導，進路指導で，相互に補完し合って実施する。

● 学校の教育方針に基づき，生徒指導のねらいを教師が共有する

　学校の教育方針にある，きまり遵守に関する項目を抜粋して，指導のねらいを教師間で意思一致させておくことが大切である。

　〔A中学校の例〕「社会に貢献できる生活態度を身につけ，豊かな人間関係を育む」「他者と協調して生きる能力や態度を育成する」「自主自律，自己責任の確立を促進する教育を行う」

● 生活指導の内容項目を明文化する

　学校の教育方針に基づいて，服装や髪型など，学校生活に関するきまりを具体的に示し，学校案内や学年だよりで家庭に周知する。

　これは子どもや保護者との約束事（在学契約関係）となり，指導をする場合の根拠となる。同時に「学校との約束事ですから，ご家庭でも十分にご指導ください」など，保護者の協力を求めることができる。

　校内では明文化された項目をもとに，①統一した生活コードを定める，②教師が複数で定期的に巡回する，③ルール違反を見逃さない，④家庭・保護者への迅速な連絡，保護者同伴での注意など，一致した対応を行う。

● 学習指導で毎日行う

　小・中学校では，チャイム着席の励行が多く，高校では逆にノーチャイム制で生徒自身に時間を意識させる場合がある。また中・高校生段階では，スケジュールや課題内容・提出期限を手帳に書くなど自己管理をさせる。

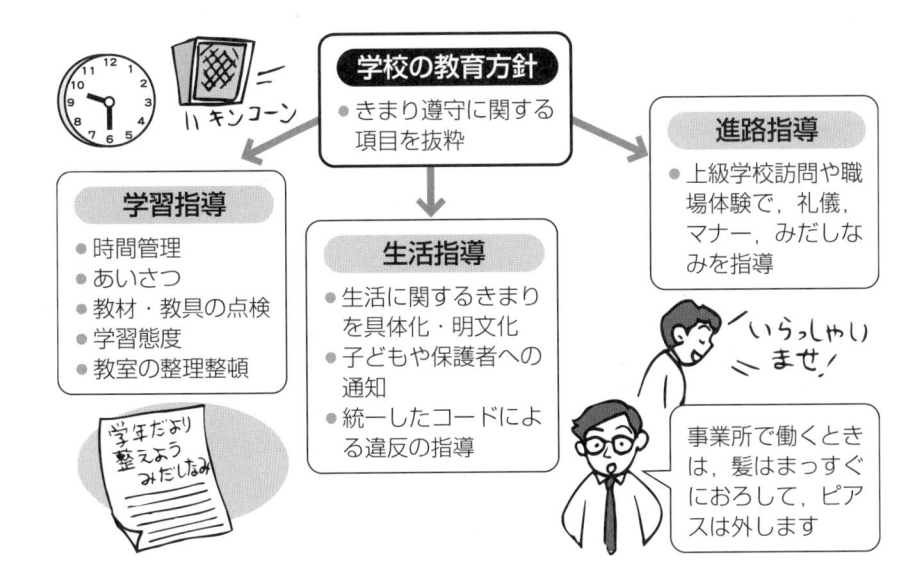

学校の教育方針
● きまり遵守に関する項目を抜粋

学習指導
● 時間管理
● あいさつ
● 教材・教具の点検
● 学習態度
● 教室の整理整頓

生活指導
● 生活に関するきまりを具体化・明文化
● 子どもや保護者への通知
● 統一したコードによる違反の指導

進路指導
● 上級学校訪問や職場体験で、礼儀、マナー、みだしなみを指導

「いらっしゃいませ！」
「事業所で働くときは、髪はまっすぐにおろして、ピアスは外します」

そのために校内呼び出しを禁止し、連絡黒板制を導入している学校もある。
　①授業開始の時間厳守とあいさつ（礼儀）を習慣化する、②教科書やノートなど教材・教具を点検する、③学習する姿勢・構えなど参加態度を評価する、④教室を整理・整とんし学習環境を整備するなども大事である。

進路指導では社会との接点を機会に

　中・高校生には、上級学校訪問や職場体験などで社会との接点を増やしながら、きちんとした制服の着こなしや頭髪を整えることを指導する。一般社会のきまり・ルールを守ることや、あいさつ・礼儀・マナーなどの社会生活上の枠組みを知ることを通して、社会性の育成や進路実現を図る。なお、きまり遵守指導が効果を発揮するための留意点は以下のとおり。
・きまりに合理性があり、一般社会に受け入れられる内容であること。
・子どもの基本的人権が配慮されること。
・保護者や子どもに対してていねいに説明責任を果たすこと。

〈学校のきまり遵守・社会的規範意識の指導〉

6 学校のきまり遵守の指導の深まり

健全で居心地のよい社会生活を営むこと、すなわち「自分も周りも幸せになる」ための行動ができるように、きまりを守らせるだけでなく、モデリングを通して、向社会的行動を促進させる。

▶ 望ましい行動は他者から取り入れる（モデリング）

　きまり遵守とは、教師や保護者が期待する望ましい行動を子ども自身が自主的に選択し、実行することである。子どもの「望ましい行動」とは、周りのモデルを見習うこと（モデリング）で高められていくものである。

　小学生に道徳的な判断を求める調査をしたところ、1年生では教師の説明の後に道徳性が高まった。これは親や大人の価値判断を、そのまま自分の行動の基準とする発達段階の特徴である。いっぽう3年生では、人気のある同級生の説明の後も同様に道徳性が高まった。望ましい行動は、両親から教師、周りの仲間集団へとモデルを拡大しながら身についていく。

　したがって学校におけるきまり遵守の指導は、小学校段階で、まず教師の指示や上級生の模範的な行動を、実践・模倣できる場面を設ける。

▶ パターナリズムと自己決定のバランス

　きまり遵守指導は、パターナリズム（paternalism：温情的干渉主義）、つまり十分な判断ができない子どもの利益のために、本人に代わって意思決定をするという考え方に基づく。例えば、義務教育の設定、未成年の飲酒喫煙の禁止、学校のきまりが社会の法律よりも厳しいことなどである。

　しかし、思春期にかかる中学生段階では、このパターナリズムの考え方と、子どもの自主性育成のバランスのなかできまり遵守の指導を行うことが重要である。安易な厳罰主義や放任主義に偏らず、子どもが立ち直るチャンスを見逃さずに的確な指導を追求することである。

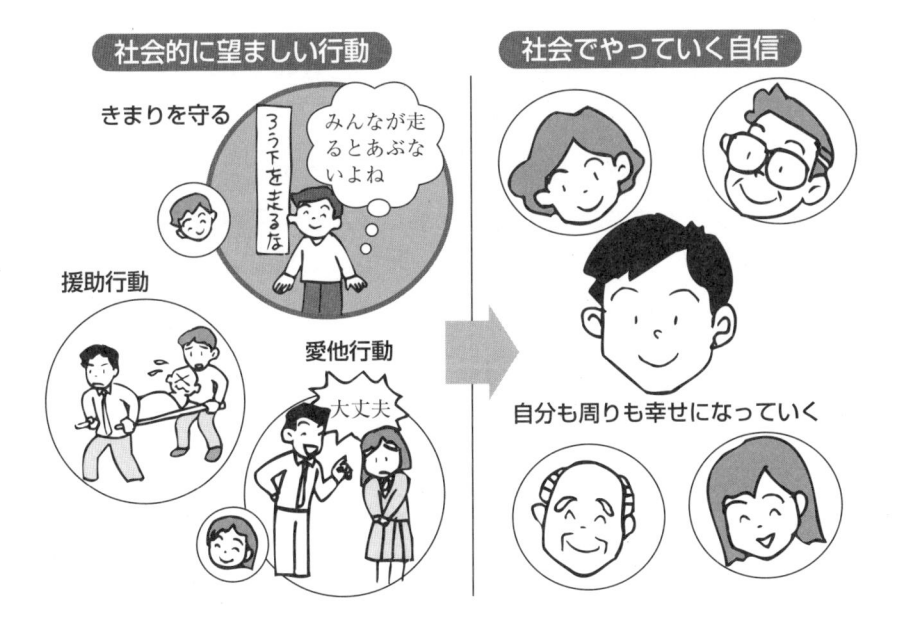

望ましい行動としての向社会的行動

子どもの望ましい行動の１つに向社会的行動がある。向社会的行動とは「自らのことをかえりみず，他人のためにつくす行動」（1991，高尾正）のことである。愛他行動や援助行動も向社会的行動の一つである。

愛他行動は２歳児から現れ，年齢とともに増加するが，中学生より高校生では減少し，地方の小さな町より都会で減少する傾向がある。

愛他行動や援助行動でもモデリングの効果は高い。都会の小・中学校でも向社会的行動を促進する指導や学校行事の適切な実施が大切である。

災害時レスキュー体験で援助行動を育てる

A中学校では３年生240名対象に災害時レスキュー体験を実施している。担架および簡易担架搬送，車いす搬送，アイマスク誘導，応急救護など全生徒が被災者役と救助者役を分担し，各教室から体育館まで避難集合する。

事後調査の結果，95％以上が肯定的評価と援助行動の効果を指摘した。

〈教科指導〉

7 教科指導における生徒指導のねらい

> よい授業には,教科の指導技術だけでなく,生徒指導の要素が欠かせない。それは,授業がくずれないための予防的な指導と,個性の伸長や自己指導能力を育成することをめざす生徒指導である。

● わからない授業から始まる学級の荒れ

　子どもたちが感じている,わからない授業やつまらない授業への退屈さは,私たち教師が研修会に参加したときのことを考えてみるとよくわかる。居眠りしたり,別のことを考えたり,講義への反発・反感が生まれたり。
　その退屈さの原因は,教える側のティーチングスキルの未熟さとともに,学ぶ側にレディネス(準備状態)が十分でないことにも求められる。

● 教科指導は生徒指導の弱点であり,最大のチャンス

　この状況を放っておけば,やがて授業が荒れ,次に学級の荒れがきて,他の要因も重なると学校全体への荒れへと拡大することもある。
　こういう事態を未然に防ぎ,さらに子どもを健全に育成する働きかけを積極的にしなければならない。
　教科指導の時間は,学校生活の中で最も多い時間を占めるのだから,受動的で退屈な授業が続けば大きな弱点にもなる。逆に自己実現が図れるような授業ならば,教科指導を通して子どもたちは大きく成長する。

● ねらい１：授業規律の維持のために

　教科指導における生徒指導には,授業規律をしっかり守るという消極的な意味がまずある。ルール違反に対しては毅然とした対処が必要である。
　ただし子どもの主体的な活動のある授業にするためには,叱責・罰則を用いてもうまくはいかない。そこで,教師側から見た授業規律の維持を,

```
┌─────────────────────────────────────────────────────────┐
│  教科指導における2つの生徒指導                          │
│                                                         │
│   ┌──────────────┐           ┌──────────────┐          │
│   │ 授業規律の維持 │           │ 自己指導力の育成│          │
│   │ (消極的生徒指導)│           │ (積極的生徒指導)│          │
│   └──────────────┘           └──────────────┘          │
│          ↑                          ↑                   │
│   ●スタディスキル            ●自己存在感を与える          │
│     時間管理, 学習環境の整備, 発言・質                    │
│     問の仕方, ノートの取り方, 聴き方,  ●共感的な人間関係を築く│
│     読書法, 聞き取り, レポート作成法,                     │
│     注意集中法, 記憶法, 語彙, 学校への ●自己決定の場を設定する│
│     態度とモチベーション                                 │
└─────────────────────────────────────────────────────────┘
```

子どもの側から見たスタディスキル（学ぶ技術）として価値づけするような事前指導をするとよい。

例えば，スタディスキルチェック表を作成し，自己チェックさせる。得点が高い子どもは，授業を受けるレディネスが高く，勉強が身につくというふうに，授業規律を守ることに意欲をもたせるのである。

ねらい2：自己指導力の育成のために

積極的な意味での生徒指導の目的は，自己指導力の育成である。教科指導においては，子ども自らが興味・関心をもって，意欲的・主体的に学習に取り組むことをさす。

この自己指導力を育成するために，教科指導の中で次の3点を心がける。第1は子ども一人一人が授業集団の中に自己存在感をもつことである。第2は教師と子ども，子ども同士が共感的な人間関係をもつことである。第3は授業の中で子どもが自己決定の場をもつことである。

参考文献　坂本昇一『生徒指導が機能する　教科・体験・総合的学習』文教書院

〈教科指導〉

8 教科指導における授業規律の維持

集団規律でしばるのではなく、守るべきことを「一人一人にとって欠かせないスキル」ととらえ、個別に指導し目標をもたせる。生徒指導の根幹には、個別性と主体性を大切にする人間観がある。

▶ ステップ１：個人のスタディスキルをチェック

まず何の授業でも、だれが授業者でも、授業規律として教師が守らせたいと思うルールを一覧にする。例をあげると、チャイム着席を守る、机上の授業準備、忘れ物をしない、話す人の目を見て聞く、板書を遅れずノートに書く、などである。これらをチェック表にして一人一人の得点を出す。

ただし、できない点を注目させるだけでなく、自分は何ができているかをしっかり確認し、今後も意識的に繰り返せるようにする。こうして一人一人に授業規律が定着すれば、この先周囲がさわがしくなっても巻き込まれにくくなり、学級全体の授業規律がくずれる可能性は低くなる。

▶ ステップ２：個別の改善目標を設定

１学期中に、スタディスキルチェック表や家庭生活チェック表などをもとに三者面談を行い、自分が直したいスキルやそのための方法などについて相談する。その場で合意して約束したことは、子どもには改善目標となり、教師には個別の指導計画になる。

教室の後ろの掲示板に、「今月のぼく・わたしの改善目標」のコーナーをつくり、自分で考えた優先順位に従いカードで個別の改善目標をはり出す。このカードには、友達からのプラスの言葉かけが書き込めるよう工夫する。

▶ ステップ３：自己評価と教師の評価

どの教科にも共通使用できる自己評価表を作成し、スタディスキルの得

第2章　毎日の教育課程で行う実践

スタディスキルからの授業規律づくり

時間管理（チャイム着席）

学習環境の整備
- 忘れ物
- 机上の準備
- 片付け方

ノートのとり方
板書事項
- 重要なポイント
- 話を要約
- 疑問点
- 調べてみたいこと

発言・質問のしかた
挙手と指名

点を上げるよう努力させることで，子どもたちの意欲を維持する。教師からは，学級全体へのほかに，できるかぎり個別の評価を授業ごとにしたい。

授業集団としてのルール確立
● 授業マナーとしてのルール
　個人のスタディスキルと同時に，集団としての授業マナーも確立する。特に，「初めと終わりのあいさつ」や「教師が話し始めたら作業を中断して聞く」など，ごく基本的なルールは全学級で徹底しておく。
● 班討議のルール
　小グループで討議する場面は，教科以外に学級活動や道徳でも多用される。以下のようなルールを，年度当初に決めて掲示しておくとよい。
　①全員が公平に発言する。
　②相手の意見を最後までしっかり聞く（ひやかしたり，ばかにしない）。
　③お互いに質問し合う。

〈教科指導〉

⑨ 教科指導における自己指導力の育成

> 生徒指導の究極の目標は，自己指導力を養うことである。そのためには授業で，「自己存在感」「共感的な人間関係」「自己決定」の3点を意識して指導する。

▶ 自己存在感を与える指導

　集団の中にあっても個人として存在を認められることは，生徒指導に不可欠の考え方である。出欠をとるとき，子ども一人一人と目を合わせながらフルネームを呼ぶ。「もう熱，下がったの？」などの声かけもほしい。答案の返し方にも，賞賛や，励ましのフォローアップがあれば，自分という存在が認められていることが子どもには伝わる。

　また，教科によって得意不得意があるのは当然なので，スモールステップの原理により，どの子どもにも自分のステップに合った課題を与え，授業への参加意識と見通しをもたせる工夫が必要である。

▶ 共感的な人間関係を築く指導

　共感的な人間関係を築くための第1段階は，教師の自己開示である。教師が1人の人間としての思考や感情を素直に示すことが，子どもにとってのモデルとなり，子どもが級友たちに心を開く契機となる。

　また，発問に間違えて答えた子どもにどう対応するか。単純に否定したり，冷やかしたりはしない。相づちを打ち，最後まで聞いて，「それもあるねぇ」と共感を示すのである。さらに子どもの間違いをもとに「教師が一緒に考える」姿勢を示すことで，集団全体に共感的な姿勢が広まる。

▶ 自己決定の場を与える指導

　学校教育においては，班活動，委員会活動や行事などで自己決定をする

自己指導力を育てる実際

いいところさがし

掲示
- ○○さん そうじでていねい
- ○○君 やさしい
- ○○君 いつも元気
- ○○さん 明るくしてくれる

教師の傾聴
- 「よく気づいたね」
- 「言いかえるとこういうこと？」
- 「なるほど」

ノンバーバルなフォロー
- 身を乗りだして
- 前を向く
- うなづく
- 笑う
- ほほえむ

「ウン ウン」

課題さがしで自己決定
- 「決めた」
- 「江戸の町と今の東京の町の関係を調べるぞ！」

場面を多く設定している。自己決定することで、責任感と意欲が生じ、目標を達成できれば、自尊感情につながる。要するに自己決定の活動から子どもが大きく成長することを、私たち教師は数多く経験している。

教科指導においても、自己決定の場をできるだけ工夫したい。総合的な学習の時間がいちばん設定しやすいが、ほかの教科でも、短時間の個人学習を入れたり、単元によって課題学習を入れたりすることは可能である。

教師が授業を振り返る

以上、子ども側のレディネスと教師側のティーチングスキルという両面で、教科指導における生徒指導を考えてきた。自分の学習指導計画の中に、自己存在感を与える指導、共感的な人間関係を築く指導、自己決定の場を与える指導が、どれだけ盛り込まれているかチェックし、工夫を重ねていってほしい。

参考文献 國分康孝ほか編『授業に生かす育てるカウンセリング』図書文化

〈道徳と総合的な学習の時間〉

10 道徳と総合的な学習の時間のねらい

> 道徳・総合でも，自己存在感や自己決定の場を与えたり，共感的な人間関係を育成する。そのためには，価値や内容を押しつけるのではなく，人間関係づくりに重点を置く授業を行う。

▶ 意味を感じられる授業をめざす

　道徳のねらいは，よりよい生き方を求め実践する人間の育成をめざし，その基盤となる道徳性を養うことである。総合的な学習の時間のねらいは，生きる力を身につけ，自己の生き方を考えることである。ともに子どもたちの生き方にかかわる大事なねらいである。

　そこで道徳の時間（道徳）も，総合的な学習の時間（総合）も，子ども主体で子どもに意味や必要性が感じられる授業にすることが大切である。

　しかし道徳は，結論のわかった副読本を使って主人公の気持ちを考える授業が多く，一部の子だけが発言し，価値を押しつけるような授業もある。

　いっぽう総合は，各学校で内容系列表を作り，活動だけではなく学びのある内容の工夫がなされているが，準備が大変などの理由で，前年の実践を簡略化したり，ただなぞるだけの実践も増えている。

▶ 人間関係づくりを重視する

　道徳や総合が，子どもたちの生き方にかかわる支援となるには，人間関係づくりの視点が欠かせない。

　いい授業には，子どもと子ども，教師と子どものよい関係が必要である。特に道徳と総合は，人とのかかわりを大切にした指導プランが大切である。

　それには，「だれとでも協力できること，つまり相手の立場に立った言動ができること」「話し合えること，つまり互いの考えの違いを尊重することと相手の話を聞けること」を重点としてとらえる。

◗ 自己決定の場を設定する

　子どもたちはこれからの人生で，さまざまな問題場面に出合い，自己決定をしていく。そこで，道徳，総合でも，子どもたち自身に考えさせる場を多く設定し，自分なりの答えを見つけ出させることが大切である。

◗ 自己の生き方を考える

　道徳，総合で大切なことは，さまざまな人とかかわる力を身につけることと，「わたしって，こんなことができるんだ」「自分って，けっこう……だ」などと自分に自信をもたせることである。
　そのためには，「自分を見つめ，自分のできることを考え実践しようとする授業」「いつもマイナスの自分に焦点を当てるのではなく，プラスの自分，夢や希望がもてる授業」にしていくことが望まれる。
　自己の生き方を考えるという総合のねらいは，そのまま道徳や生徒指導のねらいとも結びついていくのである。

〈道徳と総合的な学習の時間〉

11 道徳と総合的な学習の時間の進め方

道徳や総合で，自己決定の力や，自己肯定感を育てていくには，進め方の基本パターンを活用し，子どもたちが自分の問題や課題として考えられるような工夫を行う。

▶ 道徳の進め方の基本パターン

①導入……道徳的価値に反する生活経験やアンケート結果，具体物を提示することで，ねらいとする価値に気づかせる方法がある。また，資料への導入として，子どもたちが資料を理解しやすいように解説や補足をする方法もある。子どもたちの興味・関心を高めることがポイント。

②展開……展開の前半の重点は，価値に気づくこと。資料に自分を映し，自分を見いだすように進める。さらに友達と話し合うことでさまざまな新しい価値に気づかせる。後半は自己を見つめる段階である。話し合いで高められた価値観に照らして，今までの自分を見つめることになる。

　展開全体を通じて，ねらいを達成する指導法を工夫する。読み物資料のほか，一枚絵，写真，マンガ，新聞記事を使ったり，ロールプレイやディベート的な手法，グループでの聴き合い活動（54頁）を取り入れる。

③終末……授業が一人一人の心に残るように締めくくりを工夫する。説話，手紙の紹介，ビデオ，道徳ノートへの記入など多様な工夫を行う。

▶ 総合的な学習の進め方の基本パターン

①体験……学ばせたい内容に合う体験を意図的に設定する。

②自分がやりたいことを考える……体験したことから，もっと知りたい・やってみたいテーマを考え，どんな広がりをもつかウェビング[注]を作る。

③プレゼンテーション……同じテーマになった者とグループをつくり，学年（学級）で取り組むのにふさわしいテーマであることを全体の前で説

注：ウェビングとは，1つの事柄に関連して連想される言葉を次々と書き出し，関連のあるもの同士を線で結ぶもの。

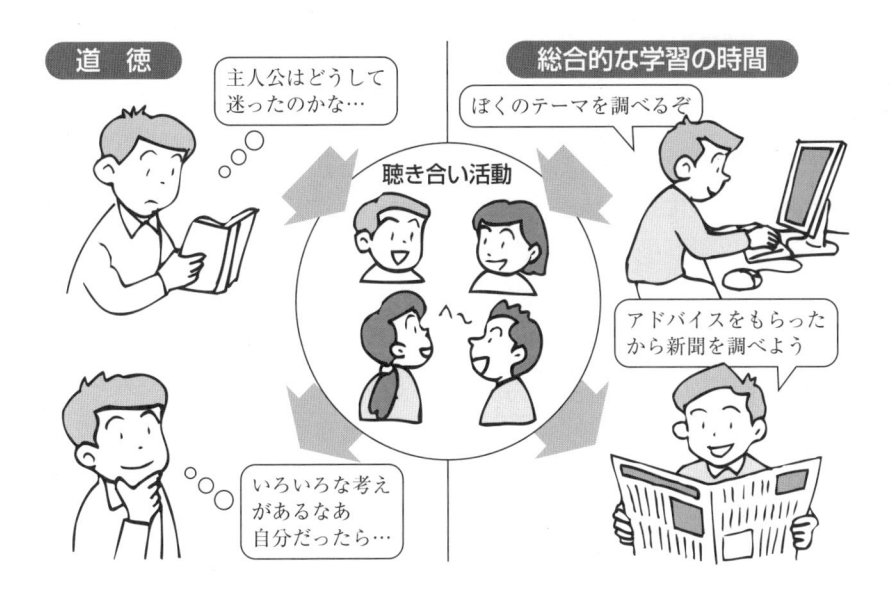

明して，全員でテーマを決める。〔テーマの条件例〕ⓐみんなで取り組める，ⓑ自分たちの力でできる，ⓒいろいろなことが学べる，ⓓ○○時間取り組むことができる，など。
④課題決定……③で決められたテーマから，自分の課題を考える。
⑤課題別グループを決める。
⑥追究活動……課題にそって追究活動（調べる，見る，聞く，作る，体験する，実験する）に取り組む。
　グループ内または異なる課題別グループでの聴き合い活動を行って情報交換をして，自分たちの追究活動を見直し，修正する時間を設ける。
⑦まとめ……課題別に追究したものをまとめる。まとめ方は子どもたちと話し合う。まとめたものを発表したければ，だれにどんな形で発表するか話し合い，まとめ方も工夫させる。
⑧振り返り……この総合でわかったこと，できるようになったこと，これから取り組んでみたいことをシートに記入し，全員で伝え合う。

〈道徳と総合的な学習の時間〉

12 道徳と総合で行う「聴き合い活動」

道徳・総合での生徒指導の重点は，自己存在感を育て，人間関係をよくする「聴き合い活動」にある。スムーズに展開し，効果的に学習過程に位置づけて，グループ学習を改善する。

▶ 聴き合い活動とは

　聴き合い活動は，互いの違いを認め合うことを重点とするグループ学習である。「個人⇒グループ学習⇒全体での話し合い」という学習過程を取り入れることで，一人一人の考えを生かし，全員参加の授業をつくり出す。
　一人一人が自己存在感を感じるための工夫がある。まずグループの人数を4人以下にする。6人だと多すぎて声が聞き取れない場合もある。次に，グループ全員に発言の機会を与える。一斉学習よりも小集団のほうが話しやすいので，発言できれば，自分のグループでの存在感が味わえる。
　聴き合い活動は次のように進める。
①グループのだれからでも自分の考えを発表する。
②質問タイム：その発言に対してほかのメンバーが質問をする。否定的な質問ではなく，よくわからなかったところを質問する。
③意見タイム：発表者に対する自分の考えをほかのメンバー全員が言う。友達の考えに対して，肯定的な部分を含めて発言する。
④この過程（①～③）を人数分繰り返す。

▶ 聴き合い活動のポイント

● 互いの話をよく聴き合う
　一生懸命話しているのに途中で何か言われると，話している子が自信を失い，話せなくなったり意見を変えてしまったりすることがある。
　そこで友達が話しているときは，その子の顔を見て，話し終わるまで口

聴き合い活動

では○○さんからはじめて下さい

私も○○さんの考えと似ていて，◇◇だからいいと思います

私は，△△だから□□がいいと思います

●●についてはどう考えていますか。

をはさまない。納得する部分は，うなずいて聞くようにする。

そうすることで，「私の話を聞いてくれている」と安心感がもて，主体的に意見を言うことができるのである。

● 効果的な位置づけ

聴き合い活動は，考えを聴き合うことで視点が広がったり，絞られたりする。そこで道徳も総合も単発の授業ではなく，1つのプログラムとして考え，学習が深まるように聴き合い活動を位置づける。

● 司会の子を育てる

司会の子どもに聴き合いの流れとねらいを確認して，司会の子を中心に進めていく。ただし，あくまで一人一人を大切にして，進行のみ任せる。

グループで話す順番は，司会が手短に決める。ジャンケンや話し合いで決めていると，それだけで時間がかかってしまうからだ。

その際，話すのが苦手な子から話させたり，話すのにつまってしまったら励ましてあげたり，みんなが話しやすい雰囲気づくりにも努める。

〈特別活動〉

13 特別活動のねらい

> 特別活動と生徒指導の共通点は，子どもの自主性を育て，集団づくりを行い，個性を自他が発見し伸ばしていくことにある。集団の中で自己実現する力を育てることが特別活動である。

● 自信をなくし，不安で結びつく子どもたち

　中学校教師である筆者（髙橋）の実感だが，子どもたちは，自信を失い，妥当な方法で自分を打ち出すことができなくなってきているようだ。

　友達との適切な依存関係を築くことにためらい，感情を隠しながら，だれとでもそつなく接する。日常生活で生じるストレスを話す相手もなく，自分の中にため込んでいく。「言ってもどうせ理解されない」と最初からあきらめている子どもも見てとれる。

　しかし，一人では不安なので，価値観の近い者同士が少人数の集団を形成する。そして些細なことが契機になり，メンバーが入れ代わったり，だれかがはずされたりということが繰り返される。

● 人任せな子どもたちに必要な集団づくり

　そんな子どもたちの集団に対する態度は冷めている。

　自分の言動が他者や集団に与える影響を意識することが苦手で，だれかがやってくれるだろうという感覚が強く，自らが参画して集団をつくり上げたり，集団を向上させたりしようとするバイタリティは低下している。

　これまでは学校以外にも，子どもたちが集団になじむ機会があった。しかし最近は人口移動が盛んになり，地域共同体の働きが薄れ，バラバラになっている。だからこそ集団活動場面を想定して，調和の取れた心身の発達と個性伸長を図る特別活動が重要になる。いままで以上に集団づくりの場面を学校が意図的に用意する必要が高まっている。

特活のねらい［修学旅行の自主行動で］

ぼくは○○寺に行きたい／ぼくは△△寺に行きたい／そのコースは時間が…／みんなが満足するには……

計画・実行

やった楽しかった／自分たちの力でやりきったね！（自信）／○○君ってすごいね／見ならうよ（責任感）／^^（自他発見）

特別活動が果たす生徒指導への効果

　特別活動は，学級活動（ホームルーム活動）・児童生徒会活動・クラブ活動・学校行事の4領域で，学校生活における教科学習以外の活動を広くカバーしている。この領域で，子どもたちが目標を共有し，目標に向けて集団を維持しつつ達成を図るのが特別活動である。子どもたちは，自分の思いを見つめ，相互にぶつけ合い，1つに紡ぎあげていく活動を行う。

　こうした結果，集団や活動に対する参画意識が一人一人に育まれ，責任感が生まれること，達成することで自信がもてるようになること，自他のよさの発見によって自己肯定感が高まっていくこと，相手の身になって考えられるようになることが，特別活動のねらいなのである。

　このように特活で子ども同士が長所を引き出し合うことは，個の発達を促す開発的生徒指導の役割を果たす。また，試行錯誤できる雰囲気は安心感を与え，無用な傷つきから子どもたちを守ることになり，予防的生徒指導につながるのである。

〈特別活動〉

14 特別活動の進め方

> 特別活動のベースは集団づくりにある。関係づくりから始め，思いや願いを練り上げ，目標を設定して実践し，自分たちの手で評価する。これを繰り返すことで集団の教育力が高まり，一人一人が育つ。

▶ 前提：相互の関係づくり

「さあ，集団をつくってみましょう」と言っても，何をしていいかとまどう子どもは多い。胸襟を開くことを恐れている子どももいる。

そこで子ども同士の不安を解消する人間関係づくりを念入りに行うことが望ましい（第6章参照）。また聞き方・話し方・見つめ方・まとめ方などのソーシャルスキルが不足している子どもも増えているので，この際に学ぶ機会があるとよい。

▶ 第1段階：自分の思いや願いを見つめる

自分の主張が明確になっていないと，ほかの意見と同じ部分や違う部分が見えてこない。また譲れないもの，大切にしたいものが見えてこない。そこで自分はどうしたいのか，どうありたいのか，じっくりと考えることを行う。このとき頭だけで考えるのではなく，心も動かして考えさせたい。最近の子どもは言葉だけの表面的な討議をしてしまいがちだからである。

▶ 第2段階：みんなの思いを練り上げる

一人一人の思いや願い，大切にしたいものをもとに1つの目標に練り上げていく。この過程で他者理解が進み，自己理解も深まることが期待される。時間がないからといって簡単に済ませてしまうことは絶対に避けたい。

なお次の「実践」に向けて，現実を見据え，多角的かつ多面的に，子どもたちが発達段階に応じて，自らの力で考えることが重要である。

第2章　毎日の教育課程で行う実践

思いや願いを見つめる
リーダーの子
「行きたいところを1人1人書いてみようよ」
1

みんなの思いを練り上げる
「みんなの意見は○○が多いですが意見を言って下さい」
「ぼくは3番目です。理由は…。」
2

実行する
班行動1日目
「○○はだめだった」
「○○はよかった」
3

自分たちで評価する
「○○はよかったけど××はだめだった」
4

▶ 第3段階：実践する

みんなで練り上げた目標をもとにして子どもたちの力で実践してみる。自分たちの行動を後で評価するために，活動前・活動中・活動後の自分と友達，集団全体を観察する視点を前もってもてるようにしておくとよい。

▶ 第4段階：自分たちの行動を自分たちの手で評価する

自分たちが計画し行動したことを自分たちで評価することが重要である。「自分たちの思いや願いは達成されたか」「目標や達成の手段・方法は最適だったか」「改善策はないか」「あるとするならばどの点をどのように改善していったらよいか」について，子どもたちが相互に意見を交換する。

そして次回どのように反省を生かしていくべきなのかを討議する。

目標や計画の練り上げ（Plan），実践（Do），実践の振り返り（Seeまたは，Check），そして次の行動（Action）のサイクルをスパイラル状に発展させていくことができたら最高である。

参考文献　大熊雅士「特別活動・行動・道徳の評価」．北尾倫彦編『図でわかる教職スキルアップシリーズ3　学びを引き出す学習評価』図書文化

〈特別活動〉
15 特別活動のポイント

集団への支援と個人への支援の両方を行う。それには，カウンセリングと集団支援の技法を身につけているとよい。

▶ 活動のさまざまな工夫
- **自分たちでつくり上げたという実感のある活動**

　特別活動のねらいである参画意識を育てるには，自分たちで目標づくりから評価・次の行動の計画を行ったという実感をもたせる。
- **自分たちだからできる活動**

　理念的・観念的に考えて行動を組み立てたのでは，活動がうまくいかなくなるか表面的になる。現実の自分や所属する集団を見取り，あるべき姿との間のどこで折り合いをつけるのかがたいへん重要である。
- **具体的に振り返られている活動**

　行われた活動について，より具体的に詳細に振り返っている活動は次につながりやすい。改善に役立てられる活動であったほうがよい。

▶ 集団と個に対する支援をバランスよく
　子どもが自分の考えや気持ちを語る工夫や，そのために構成的グループエンカウンターなどの活動をどの程度まで設定するかは，教師が集団の動きを敏感に察知する目をもつことで可能となる。

　いっぽう一人一人に心を配り，サインを見逃さないことも重要である。例えば，自分の思いや願いを見つめる場面では，そのこと自体に抵抗を感じる子どもや，感情を見つめながら考えをまとめることが苦手な子どもも多い。そこで教師が子どもに寄り添いながら，その子の抱いている感覚や感情をできるだけ言葉にして周囲に伝えることを手伝うようにしたい。

> 子どもが思いを語ることを支援する

学年の委員が中心に進めてきた「〇〇中ボランティアウィーク」

1. 私はやりたいんです　準備をむだにしたくありません
2. 君は強い思いを持っているんだね
3. 今の学年の様子を見たらどうだろう
4. ぼくは今のような学年だったらむりだと思います
5. どんな部分がダメかな。もう少し詳しく聞かせて
6. ２週間後── やったねできたね／みんなでがんばったね

いろいろな場面を用意する

　特活で教師は，リーダー役の子どもたちに対して働きかけを行うことが多い。しかし，フォロワー（ついていく人）の子どもたちに働きかけることも重要である。なぜなら，役割関係の固定化や参画意識の低下を防止するとともに，フォロワーの子どもの新たな側面の発見に役立つからである。

　筆者の実践例としては，中学３年で行う修学旅行の班別自主行動について，教師やリーダーから自主行動をしたいか否か呼びかけるのでなく，学年全体の話し合いから考えたことがある。このときはリーダーではない子どもたちの発言によって討議が活性化した。ふだんは発言しない子どもが，意を決して思いを吐露する姿に周囲も強い影響を受け，発言の輪が広がり，自分たちで修学旅行をつくっていこうとする意識が高まった。このときの修学旅行は教師から時間のコントロールやきまりについて指導する場面がほとんどなかった。リーダーを中心に自分たちで生活をつくり上げていたからだろうか。子どもたちの満足感・達成感も高かった。

〈学級経営〉

16 学級経営のねらい

> さまざまな経験を通して自己を見つめさせ，集団での活動や取り組みを通して個人を育てることをめざす学級経営。担任は，ねらいを実現するための構想を描き，戦略を用意する。

● 学級経営のもつ影響力

学級担任は，新人・ベテランの区別なく，学級の子どもたちの1年間の成長に責任をもち，子どもからも保護者からも大きな期待を受ける。

同時に，教師は子どもを従わせる権威と影響力をもっている。その影響力は，言葉による直接の禁止・命令だけでなく，無言で無自覚のうちに子どもたちにメッセージとして伝わるほど大きい。言葉の言い回しやトーン・表情・言葉のやりとりなどからも伝わってしまう。

さまざまな影響を与える日常的なかかわりだからこそ，学級経営の目的，方法のほか，教師自身のものの考え方などを点検して，ブレをなくしたい。

● 集団を通して計画的に個人を育てる

学級経営のねらいは，さまざまな直接・間接経験を通して子どもに自己を見つめさせ，集団での活動や取り組みを通して個人を育てることである。

学級経営をするとは，学級の目標を達成するために「こんな取り組みをして，こんな仕掛けを」という構想を描き，戦略を用意することである。

そこで学級経営では，以下に留意して，「○○する学級」「○○できる学級」という目的地をめざした，意図的・計画的な指導を行っていく。

・1年間を通し子どもたちは，学級担任の教育観や指導スタイルに影響を受け，担任個人との感情的な愛着が高まるのだという自覚をもって臨む。
・学年末には，次の学級ですみやかに適応できるように，担任との愛着を断ち，偏りを是正して引き継ぐ。

学級経営の戦略(方針)と戦術(方法)

学級経営の視点
①教師のかかわり方で子どもが変わる。
②子どもの行ったり来たりする変容に伴って，教師のかかわりも考える。
③質的な高まりを考慮した，意図的，計画的なかかわり方をする。
④教師のかかわりを点検・評価し，修正する。【教育期・学期，行事の活用】

目的に向かって一人一人が力を十分に発揮しながら，互いが支え合い，役割分担して取り組む活動を用意する。

個人の変容や集団の雰囲気づくりを促す指導・支援。仲間のコメント交換等の舵取り。（討論・話合いの話題選び）

学級経営
戦略（方針）：理念
● 自己表現できる雰囲気づくり。
● おだやかに個人の変容を指導・支援する。
● 日常生活を通し集団への所属感を高める。

学級づくり
戦術（方法）：意図性・計画性
● 集団づくりやSGE等，仲間づくりに向けた取組み。
● お便り帳，記録帳等を活用した学級世論づくり。
● 指導・支援のタイミングを計る。

学級経営を進める主要なサイクル

学級を経営するには，次のような働きかけや具体的な中身を用意する。

● **具体的な目標を設定する**

担任の願いや思いを子どもに語ることから始め，子どもと話し合い，子どもが具体的にイメージできる目標として決める。

・まとまりのある学級　→　まとまって○○ができる学級
・思いやりのある学級　→　人の意見，立場，考え方を否定しない学級

● **学級集団を育てる流れをつくる**

成功・不成功の判断が容易であるという「行事」の特性を利用し，学級のまとまりや協力して取り組む意識を高める。

・「いつまでに，何が，どのようにできる集団となる」という，目標を設定する。
・学期や，学期にとらわれず自由に設定した教育期，行事などを「節目」とし，実践して，点検・評価する（1年間の流れは65頁参照）。

〈学級経営〉

17 学級経営の進め方

学級経営は，年度末のゴールから逆算した道のりに基づき，学期や行事などの節目で到達させたい子どもや集団の姿を具体的にして，そのための方策を打ち出していく。

● 学級経営は１年後に目標に達するまでの戦略づくり

　学級経営をするためには，学級や学校，地域の実態を踏まえて１年後の学級の姿をイメージし，そこに至るのに必要な段階を逆算するように戦略を考える（右図左半分「考え方の流し方」参照）。

　日々の取り組みが思いつきとならないように，次のことを意識しておく。
・学級集団全体の目標を，教師と子どもが共にイメージする。
・学期や教育期，行事などを利用した取り組みを用意する。
・だれに，どのような指示，指導，支援をし，班やプロジェクトなどの小集団の活動にどのように生かすかを明らかにする。
・子どもの特性や子ども同士の関係を把握し肯定的メッセージを発信する。

● 具体的な戦術を考えて，学級をつくる

　学級経営の戦略に基づいて，個人や学級全体への具体的なかかわりの方法（戦術）を，いつ，どこで，何を，どのようにしていくか具体的に用意して，４月から学級をつくる実践をスタートさせる（右図右半分「実践の流れ」参照）。

　例えば，リーダーの選出方法，班のつくり方，係活動の内容，日直の役割，構成的グループエンカウンター，レクリエーションなどを，学期や教育期，行事などの節目で，「この時期・この段階では，こんなことができるように」という具体的な子どもや集団の姿と関連させるのである。

　戦略と具体的実践の戦術が相互に連動・補完し合い，学級がつくられる。

学校経営の1年間の流れ

考え方の流れ		実践の流れ
終末を見据えて，どうスタートするか ● 教師価値からの解散 　学級価値の一般化をどのようにするか ● 振り返りを生かした自立への支援	進級・卒業 3学期	● 自立・自律的自己を育成する ● 学校，教師の価値からの解散 **目的的集団の形成** ● 個人の自立と自己有能感，存在感確立，他者理解の醸成
● 教師主導から子どもによる自己管理へ ● 私たちの学級づくり（自負心育成） **さまざまな行事活動をどう活用するか** ● 学級システムを再確認する	2学期 再びの出会い	自己実現，自己啓発，自己理解の発達過程 **集団の質の向上** ● 子どもの発想，取組みを支援する
● とりあえずの学級システムを完成 ● 学級風土づくり（ルール） ● 協力，共同が必要な活動を組織する ● どんなことを大切にする学級 ● どんなことができる学級 **1年後の学級像をイメージする**	1学期 出入学進級での出会い	● 親和性育成 ● 協力，共同性の育成 **寄り合い・群れ的な集団形成** ● 仲間づくり（仲間意識の育成） ● 学校，教師の価値との出会い ● 学級像をめざした実践スタート

年度末の担任離れをめざす

　1年間のかかわりを通して，担任と学級の子どもたちとは，緊密さが増す。学級がまとまることに精力をそそぎ，担任の特徴を反映した集団が形成されていくのは当然のことである。自分の色に染まるものだという自覚をもって学級経営に臨むことが重要である。

　そこで年度末の12月〜3月には，子どもたちが「自分たちで考えたり，工夫したりできるようになった」という思いがもてるように，担任に依存せず，「自分たちで○○する集団」を意識した指導・支援に切りかえていく。すなわち，担任離れ，子離れをするようにかかわる。

　このように担任教師の色抜きをして引き継ぐことで，「前の先生とやり方が違う」という声を子どもが発することもなくなり，年度がかわっても，前担任のスタイルに左右されることなく，新しい担任との関係をつくることができる。

〈学級経営〉

18 学級経営のポイント

予防・予見的な生徒指導の考え方で学級経営を行うには，複数の教師によって，情報収集だけでなく，多彩な角度から子どもへの働きかけを行う。

▶ チームで行う学級づくり

　学級担任が子どもを多面的に把握するには，担任のサポーターが欠かせない。例えば家庭では父母，兄姉，祖父母など，担任とはかかわり方や役割の異なる人が子どもと一緒に生活している。学校では，担任だけでなく，年齢や性差，経験，キャリアが異なる教師が，玄関・廊下・体育館，清掃・課外などで，声かけや指導・支援を行っているのである。

　学校で子どもは，担任だけでなく，複数の教師と多面的・多角的なかかわりをもっている。そこで「チーム教育」という発想で学級経営を行う。
・個々の教師の特性を生かして担任のサポート体制をつくる。
・複数教師が子どもたちを指導・支援する体制をつくる。

　具体的には，校内で生じるさまざまなかかわりに対して，子どもがかかわりやすい教師を配置し，役割分担をして子どもにかかわる。

　このためには担任は，自分の得意・不得意を知ること，その弱点をサポートしてくれる同僚との関係づくりを意識することである。

　こうして学級内のさまざまな出来事に備え，情報を交換・共有し，予防・予見的な対応を含め，学級担任絶対の考え方に陥らないようにする。

▶ 学級日誌・おたより帳・生活記録帳でコミュニケーションを豊富に
●**おたより帳の活用の視点：書く力の育成，自他理解，集団理解を深める**
・低学年：「今日がんばったこと」などを，自己理解の伸長をめざして，1～3行程度の作文にさせる。

チームによる情報の共有

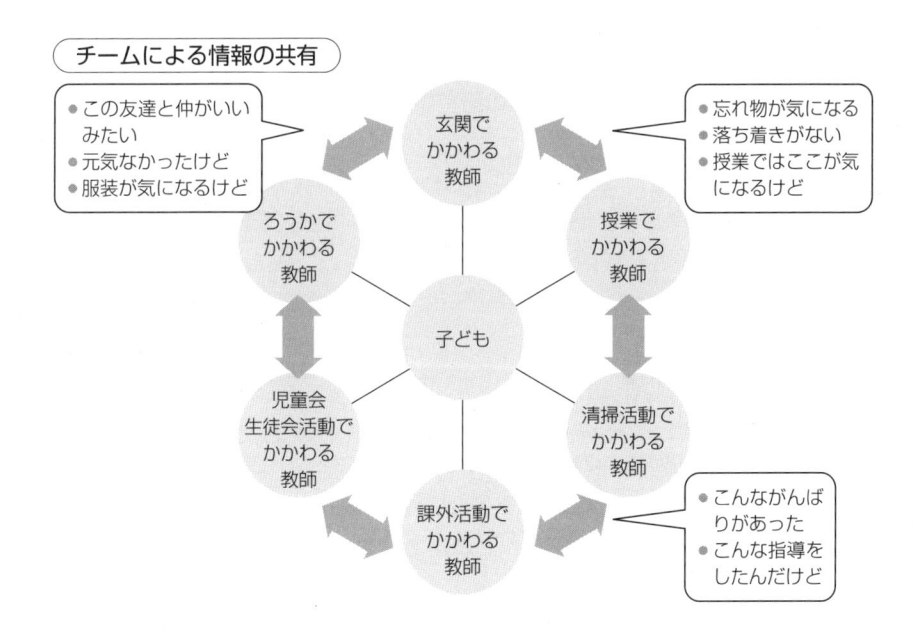

```
                    玄関で
                   かかわる
                    教師
   ● この友達と仲がいい              ● 忘れ物が気になる
     みたい                      ● 落ち着きがない
   ● 元気なかったけど              ● 授業ではここが気
   ● 服装が気になるけど               になるけど

      ろうかで          授業で
      かかわる          かかわる
       教師             教師

              子ども

     児童会             清掃活動で
   生徒会活動で          かかわる
    かかわる             教師
     教師

                   課外活動で           ● こんながんば
                    かかわる              りがあった
                     教師             ● こんな指導を
                                        したんだけど
```

- 中学年：「今日がんばったことや人」などを，自他関係の育成をめざして，3～6行程度の作文にさせる。
- 高学年：「今日がんばったことや人＋学級への提言・意見」などを，客観性の育成をめざして，5～10行程度の作文にさせる。

●**生活記録帳の活用の視点：個人へのカウンセリング的アプローチ**
- 筆談を活用し，担任の考え方，価値観等を知ってもらう。
- 子どもの考え方，感じ方を理解し，解決課題に対し，役割を伝えたり，考えさせたりという，個別の支援・指導を行う。

●**学級日誌の活用の視点：事務的な1日の学級の記録からの脱出**
- 担任の話の要約と記録（朝・帰りの会）⇔連絡から呼びかけ，指導へ。
- 各教科の記録：授業でこんなことがわかった，印象に残った，こんな指導があった等，指導・学習内容の記録を行う。
- 班による週間日直の導入：班員相互の共同，協力の意識を醸成する。
- 学級の生活・活動を記録する（継続向上，見直し改善等の提言）。

参考文献
柴野昌山「かくれたカリキュラムの理論と実証研究―解釈的アプローチの観点から―」『京都大学教育学部紀要』1986，32，100-122
稲垣恭子「教師―生徒の相互行為と教室秩序の構成―生徒コードをてがかりとして―」『教育社会学研究』1989，45，123-135

情報　基本的な生徒指導情報の最前線がわかるホームページ

　文科省の発する文部行政情報をはじめ，リアルタイムの情報はインターネットから収集できます。(情報提供：八並光俊。内容は2006/9/12現在)

●文部科学省の生徒指導関連重要施策『生徒指導等の施策の推進について』
　http://211.120.54.153/a_menu/shotou/seitoshidou/04121502.htm
「生徒指導関係施策」「体験活動の推進」「人権教育の推進」「児童虐待の防止」「学校図書の整備促進」について文部行政の具体的な資料が紹介されています。初等中等教育局児童生徒課生徒指導室作成。〈Home→教育→小・中・高校教育に関すること→生徒指導等について→生徒指導等の施策の推進について〉

●地方自治体の生徒指導施策を一覧できる『生徒指導に関する情報』
　http://fish.miracle.ne.jp/adaken/link/seitosido.htm
地方自治体で出している生徒指導関連の施策やガイドブックが網羅されている「島根の教育研究会」が作っているホームページです。
〈島根の教育研究会→特選リンク集→生徒指導〉

●東京都児童相談センター・児童相談所と『児童相談所のしおり』
　http://www.fukushihoken.metro.tokyo.jp/jicen/
「児童相談所のしおり」は，児童相談所の役割が概括されているだけでなく，児童虐待の基礎知識となります。『児童相談所のしおり』のURLは下記のとおり。
http://www.fukushihoken.metro.tokyo.jp/jicen/05sonota/insatsu/guide_2005.pdf
〈トップページ→過去のお知らせ→平成17年度・児童相談所のしおり〉

●神奈川県立総合教育センターと『ティーチャーズガイドⅡ』
　http://www.edu-ctr.pref.kanagawa.jp/index.html
「支援教育」のページで不登校に関して，教育相談コーディネーターを核とした協働チームによる支援の実際などが紹介され，参考になります。
『ティーチャーズ・ガイドⅡ　チームで取り組む日々の実践と不登校』のURLは下記。
http://kjd.edu-ctr.pref.kanagawa.jp/kankoubutu/teacher2/00_guide2.pdf
〈トップページ→支援教育→ティーチャーズ・ガイドⅡチームで取り組む日々の実践と不登校への対応〉

第3章

多様な場面で行う実践

〈不登校〉
1. 学級復帰支援のねらい
2. 学級復帰支援の進め方
3. 学級復帰支援のポイントと留意点

〈いじめ〉
4. いじめの理解と指導のねらい
5. いじめ解決の進め方
6. いじめ解決のポイントと留意点

〈非行問題〉
7. 非行問題の生徒指導とは
8. 非行問題の指導のしかた
9. 非行問題の指導のポイント

〈発達障害〉
10. 発達障害とは
11. 発達障害の二次障害
12. 二次障害の予防と対応

〈性教育と保健指導〉
13. 性教育と保健指導のねらい
14. 性教育と保健指導の進め方
15. 性教育と保健指導の評価とポイント

〈キャリア教育と進路指導〉
16. キャリア教育と進路指導のねらい
17. キャリア教育と進路指導の進め方
18. キャリア教育と進路指導のポイント

〈チームサポート〉
19. チームサポートとは
20. チームサポートの進め方とポイント

〈学校危機介入〉
21. 学校危機介入とは
22. 学校危機介入の進め方
23. 学校危機介入のポイント

〈不登校〉

1 学級復帰支援のねらい

「学校だけが人生じゃない」と初めから思う不登校の子どもはいない。「本当はみんなと学校で楽しく過ごしたい。これからを何とかしたい」という願いを，共に具体化するのが復帰支援である。

◉ 不登校の解決とは

　不登校の子どもには，学校や学級に復帰するための支援を行う。

　しかし，不登校児童生徒は心理的な成長・発達がなされたとき，「結果として登校する」と考えるべきである。単に登校すればよいのではなく，「自分で考え，自分で決定し，自分で行動できる」ということが，真の問題解決といえる（花輪敏男「不登校対応チャート」1990）。

　これは生き方・あり方を考える進路学習でもある。いまできること，つけておくべき力を蓄える支援を少しずつ行い，卒業後を見通した将来への力をつける。そういう姿勢でねばり強く接する担任に子どもは信頼を寄せる。

◉ 怠学ではない。本当は学校に行きたい

　花輪（1990）が不登校という用語をわが国で初めて用いたのは「登校したくともできない状態であり，学校という場面にだけ特別な『すくみ反応』を示す神経症的な問題」という意味からである。

　身体症状を伴うほど苦しむ「怠け」はいない。学校では見えないところで苦しむ子どもは多い。たとえ困っていないように見えたとしても，「あの子のはやっぱり怠けだ」とこちらが思うかぎり，信頼関係は結べない。本人や保護者は教師のそうした眼差しを必ずキャッチするからだ。

　不登校の子どもは，毎日学校に通っている子どもよりむしろもっと強く「学校に行かねばならない」と思っているため，登校できないことがつらく，ふがいない自分を責めているという認識が教師には必要である。

［行かなきゃ］
［行きたい］
［でも行けない］
［あせらず今できることをしよう］

心の成長発達や生き方あり方の階段

不登校についてまわる「3つの孤立」を防ぐ

　不登校は，本人・保護者・担任をそれぞれ孤立させる。孤立は「不登校＝失敗＝恥」の意識で起こる。大人が子どもを早く学校に行かせることで恥を解消しようとすれば，子どもはわかってほしい保護者と担任に受容されず，それぞれに孤立する。心を痛め合い，つらい気持ちを共有できない。

　こうした孤立・断絶を破るため，失敗に学ぶことが真の成長であることを確認し，あたたかな関係を紡ぎ，力に変えていくことを支援する。

復帰支援の主役は学級担任

　子どもは担任との信頼関係に支えられて教室の中に入れる。スクールカウンセラー（SC）の役割は，①子どもと担任の関係づくりの促進，②個別対応の仕方についての助言，つまり黒子だ。支援の主役は学級担任なのだ。

　担任が孤立すると復帰支援は失敗する。教育相談担当，養護教諭，SCなど関係者が担任を支える登校支援チームを組み，適宜打ち合わせをもつ。

〈不登校〉

2 学級復帰支援の進め方

学級復帰支援の流れは，①教師・子ども・保護者の信頼関係づくり，②具体的支援，③エネルギーと学校への関心度チェック，④再登校チャレンジ，⑤その後のフォローとなる（花輪，1999より）

▶ 教師・子ども・保護者の信頼関係づくり～なおそうとするな，わかろうとせよ～

不登校の子どもと日常的にかかわっている保護者は，子どもの言動に一喜一憂し，気持ちが休まらない。担任のあたたかさが孤立無援を救う。

● **保護者をねぎらう**

「大変でしたね」「よくここまでこんな大変ななかでがんばってこられましたね」「お母さん一人でつらかったでしょう」「一緒に考えましょう。お話を聞かせてください」とまず心からねぎらいの言葉をかける。

● **保護者から子どもにアイ(私)メッセージで本音を語ってもらう**

親子でいる時間は短い。その時間に語るべきことは，お互いを慈しむ気持ちを口に出して伝え合うことだ。例えば，「私はね，おまえが学校に行けなくてどんなに苦しんでいるかわかったよ。おまえも本当に苦労したね。子どもが学校に行ってほしくない親なんていないよ。でも，無理はしてほしくない。お互いに少しずつこれからのことを考えて話し合おう」。

こう言えるように教師と保護者で練習する。この積み重ねが支援となる。

▶ エネルギーチェックと学校への関心度のチェック

保護者との信頼関係づくりや日常からのやりとりが行われていると，心のエネルギーの充電が進んでいる兆候をつかむことができる。例えば，することがなくて退屈している・担任の訪問を楽しみにしている・学校の話をするようになった・しまっていた制服を出してハンガーに掛けた等。

兆候が見えたら，動けるところは動かす。まず「すくむ範囲」は子ども

1 信頼関係づくり	2 本人や家族への支援	3 学校への関心度をチェック
担任「お母さん大変でしたね」	「1週間に一度、私が連絡に来ます」	「今日は体育大会だよね」

4 再登校チャレンジ	5 再登校	6 その後のフォロー
「待ってたよ」保健室等		「あのときはね」「これからはね」ウンウン

それぞれに異なるので，どこに動かしたらいいのかを吟味する。学校外（適応指導教室）がいいのか，学校内の保健室や相談室か，放課後の夕方（夜）の登校がいいのか。ケースごとに見きわめて，方法を提示する。

再登校訓練から再登校

子どもが動き出すのは，「あの先生に会いに行こう」と思える信頼関係づくりの賜物だ。それまでは教師が家庭訪問をして届けていたプリントなどを学校に取りに来てもらう。「これは提出日が決まっているので，またいつまでに出しに来てほしいんだ」とすれば次の約束ができる。こうしたことが知らず知らずのうちに登校訓練につながる。

フォローの段階

再登校後は，自分で考え自分で決定し自分で行動できるという真の解決になっているかを吟味する。これがないと学校適応過剰が起こる。

〈不登校〉

3 学級復帰支援のポイントと留意点

学級復帰支援は継続した個別対応が大切。教師から見て,「40分の1のあなた」から「たった一人のあなた」へと視点を変える。

◗ 1対1で向き合い,教師の思いを言葉にする

　不登校の子どもに対し,まずしっかりとねぎらうことが大切である。子どもには1対1の対話によって,「私一人だけのために思いをかけてくれた」という信頼が生まれ,復帰を支える力になる。

　教師の気持ちは,はっきり口に出して伝えてあげる。「いままで苦労したね」「よくこんな大変ななかで,ここまで一人でがんばってきたね」「ということは,君はこれからを何とかしたいんだね」「そう。もう君は変わり始めているんだ」「過去は問わない。原因なんかどうだっていい。でもこれからどうしていくかを一緒に話し合っていきたいんだよ」。

◗ 教室の子どもたちと不登校の子どもにあたたかな関係をつくる

　学級の子どもたちが「先生ずるいよ。ぼくたちには『がんばりなさい！』と言って,あの子が来ると『無理しないでいいよ』と言う。それならぼくたちだって不登校になりたいよ」と反応することがある。

　「先生,あの子はどうして来ないの？」と聞く子どもがいたら,あたたかい学級づくりのチャンスだ。本人には事前に了解を取って,こう言う。

　「こんな言い方をするよ。『いま○○君はどうしても学校に来ることができない状況だ。でも,ぼくから見るとこれはどう見ても怠けではない。できることなら本人は学校に行くことができたらどんなにいいだろうと強く思っている。しかし,いまはまだそれができないから本人も苦しんでいる。いまは,そのことを知っておいてほしい』。これでどうかな？」と。

40分の1の「あなた」　　　　たった1人の「あなた」

みなさんは…

先生…
いままで苦しかったんだね
よくがんばってきたね

🔵 教室環境を整える

　いまここにいない子どもの机やロッカーもいつもきちんと整とんし，いるのと同じように大切に扱う。それは不登校の子どもだけでなく，ほかの子どもも含めてみんなが大切にされるということでもある。
　せっかく充電が済んで，復帰したいという状態になったのに，「学級はいま落ち着かない。安心して受け入れができる状況でないからまだ戻ってこないほうがいい」と担任に言われたために好機を逃す例が実は多い。

🔵 友達を使わない

　友達は友達関係のままがいい。子どもは友達と楽しく遊びたいものだ。不登校になっても変わらずにつきあってくれる仲間は救いである。しかし「学校に来いよ」と呼びに行かせたときのぎこちない感じや，親しくもない学級委員にいきなり玄関に立たれるとよけいに追い込まれる。役割やお義理に絡め取られると，関係はギスギスして孤立が進み，双方がつらい。

〈いじめ〉

4 いじめの理解と指導のねらい

いじめはたしかに起こってはならないことだが，現実には起こる。責めてしかるばかりの観念的指導に陥る原因の1つは，「起こりうる」ことへの自覚がたりないからである。

● 対人関係に不安を抱く子どもたち

　現代教育研究会の調査(2003)によると，不登校にいたったケースのうち，友人関係をめぐる問題が45％であった。いじめが潜んでいることも少なくなく，憂慮すべき状況にある。いじめはあってはならないが，起こった場合には新たな人間関係を構築する契機と前向きにとらえ，毅然たる態度と共感的な態度の両面からねばり強くかかわっていくことが求められる。

● いじめを生み出す学級の雰囲気

　いじめの発生は，学級集団の雰囲気・教師の指導態度に大きく左右される。いじめが比較的多く見られる学級では，子どもたちが正義感や思いやりの心に乏しく，教師も思いやりや子どもとの信頼感に欠ける。規則や規律に対してきちんと指導できない教師か，あるいは逆に管理的指導が極端に強い教師の学級にみられやすい。いっぽう，いじめが比較的少ない学級の雰囲気は，正義感や思いやりがあり，言いたいことが言える学級。教師に思いやりと信頼感があり，子どもの気持ちを受けとめ，あるときには毅然たる態度で接する教師であるといじめは少ない。

● 観念的指導から心理教育的指導

　いじめの指導においては，毅然たる態度で対応していくことに異論はない。しかしその際「いじめはあってはならない」けれども「ありえないのではない」という認識が大切である。「いじめはあってはならない」とい

観念的指導から心理教育的指導へ

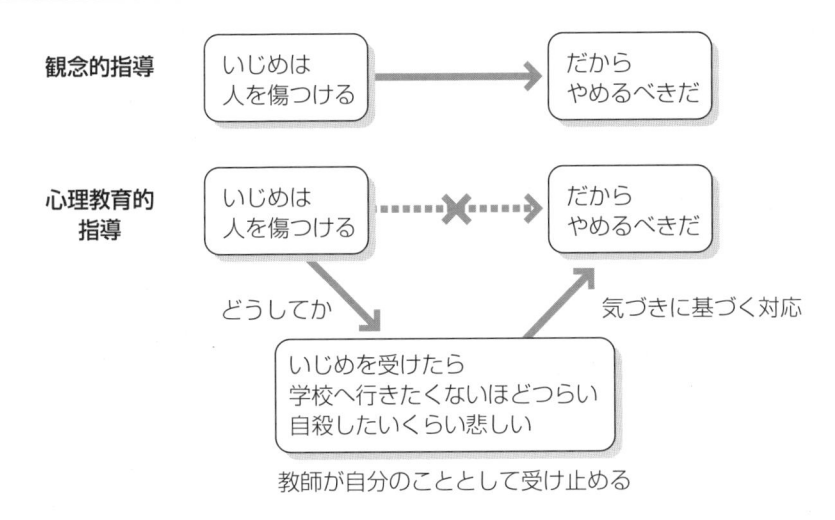

観念的指導: いじめは人を傷つける → だからやめるべきだ

心理教育的指導: いじめは人を傷つける —✕→ だからやめるべきだ
どうしてか ↓
いじめを受けたら学校へ行きたくないほどつらい　自殺したいくらい悲しい
→ だからやめるべきだ（気づきに基づく対応）

教師が自分のこととして受け止める

う思い込みが強い場合には叱責が行われやすい。「ありうる」という認識で接すると，いじめにかかわった子どもたちの本音を聞こうとする姿勢が生まれる。叱責を中心とした観念的指導だけでは，真の解決からは遠くなる。

いじめられる子どもに問題はない

　いじめが起こった場合，その解決のプロセスのなかで「いじめられる子どもにも問題がある」と考える教師は少なくない。特に，ふだんから自己主張が強くほかの子どもと協調できない子どもがいた場合，いじめられて当然だと考える教師は多い。しかし，そのような傾向があるからといっていじめ行為を受けて当然だ，という論理は成り立たない。いじめる側のいじめ行為こそ問題なのである。もし，いじめられている子どもに問題があるとするならば，それはこれから改善していくべきその子の「教育課題」と解すべきである。いじめられて当然だとする考え方は，いじめている子に同調し，いじめを助長しかねない。

参考文献
現代教育研究会『不登校追跡調査』文部科学省委託研究，2003
池島徳大『クラス担任によるいじめ解決への教育的支援』日本教育新聞社出版局

〈いじめ〉

5 いじめ解決の進め方

いじめは，自尊心をとても傷つけられる。しかもきわめてデリケートな問題である。ピアプレッシャーに配慮して，個と集団それぞれに対する解決を進めていく。

▶ いじめ解決への２ステップ

　いじめの対応として大切なことは，教師がいじめられている子どもとの関係をいち早く個別につくり，いじめられている子どもを救うことである。同時にいじめにかかわる子どもたちに個別の対応を行い，解決への支援策を講じていくことである。その後，関係する子どもたちを取り巻く学級集団全体への対応を行う。この２ステップのアプローチが必要である。

▶ 個へのアプローチ

● いじめられている子どもとのリレーションづくり

　いじめを受けることによって，自尊心をズタズタにされ，「ぼくなんか，いなくなったほうがよい」などの自己否定感を抱きやすい。
　そこで教師が寄り添い，「自分にもすばらしいところがあるんだ」という自信をもたせることが必要である。守ってくれる教師の存在は，いじめに立ち向かわせる原動力になる。欠点を指摘する矯正的なかかわり方では子どもの心の扉は開かない。どの立場の子どもに対する指導でもいえる。

● いじめた子ども・いじめに加わった子どもへの指導

　いじめに加わった子どもが特定された場合，それぞれの子どもたちへの個別対応を行う。最初は，「ぼくだけではない」などの防衛的態度が見られても，じっくり本人の言い分に耳を傾けて聞いてやると気持ちがずいぶん落ち着いてくる。やってしまったことを素直に反省しようとする。
　個別に聞き終えた後に，当事者を交えて事実関係について話し合い，事

> いじめられている子どもの立場に立って聴く

○○さんは，いじめられてとてもつらいだろうと思う。その様子を話してくれないかなあ。

先生に話すとさらにいじめられないかと不安を感じているんだね。

先生は一人でも悲しんでいる人がいたらそのままにしておけない。先生にはいじめを解決していく責任がある。

おだやかに事実を十分に聴く

| いつ　どこで　だれが　だれに |
| なにを　なぜ　どうした |

実の確認を行う。なお，保護者には，当事者間の事実が明らかになるまで憶測で行動しないよう毅然と要請し，ある程度はっきりした時点で子どもを交えて話し合う機会をつくることを約束する。当事者の子どもの了解をとって，集団全体への指導へとつなげる。

集団全体へのアプローチ

　集団全体へのアプローチを導入する理由は，いじめが人の心を深く傷つける行為であることを考えさせ，いじめの解決を級友の前で披瀝し新しい人間関係の出発点とするためである。子どもたちにはこう伝えたい。「過ちはだれにでもある。その過ちに気づいて過ちを正していこうとする姿勢こそ大切だ」「うそ，いつわりを言わずに正直に話し合っていこう」「そして共に大きく成長していこう」「自分のしたことに対して本当に悪かったと正直に話してくれたみんなは本当にすばらしい」など。このような教師の表明は，いじめに対する心構えと教師のリーダーシップを示す。

参考文献　池島徳大『クラス担任によるいじめ解決への教育的支援』日本教育新聞社出版局

〈いじめ〉

❻ いじめ解決のポイントと留意点

> いじめ問題解決のカギは，学級担任が握っている。一人一人の子どもを大切にする集団づくりを行って，子どものいのちを守り，子どものいのちを輝かせる教育を進める。

◗ 学級集団の中で生じる「ピアプレッシャー」

　いじめが発生した場合，担任は早期解決をめざしたいと考え，いきなり学級全体で取り上げようとする傾向がみられる。このような指導は極力避けるべきである。学級に言いたいことが言えない雰囲気がみられればみられるほど，ピアプレッシャー（周囲と同じ行動を求める圧力）が一人一人の子どもたちにのしかかっていて，思わぬ方向へ進む危険がある。

◗ ピアプレッシャーのなかで起こる集団心理

　現在，わが国では一斉授業に代表される指導スタイルが中心である。そのため，集団全体をあたかも1つの固まりとしてとらえがちで，子どもたち一人一人の繊細な心の動きに鈍感になってしまう傾向がみられる。子どもたちは学級の中で級友との言動に気をつかい，ピアプレッシャーを感じてビクビクしているのである。そのため，「いじめはいけない」と心の中で思っていても，仲間はずしなどの報復を恐れて発言が抑制されたり，強い意見に容易に同調したり服従したりという集団心理が働くことも少なくない。例えば，授業中指名された子どもにおいてすら，背後に大きなピアプレッシャーを感じながら発言しているのである。

◗ 個の成長を促す手段としての集団づくり

　日本は，欧米と比べ集団の凝集性を高める指導が行われることが多い。「学級づくり」の名のもとに，教室によく掲示される「一人はみんなのた

> 学級全員の前で話し合う場合に生じる心理的抵抗

- またいじめられるかもしれない……。 — いじめられている子ども
- みんなの前で正直に話すなんていやだよ — いじめている子ども
- 今度は自分がいじめられるのでは…… — まわりの子ども

それぞれの子どもに生じる抵抗に留意する

めに，みんなは一人のために」というスローガンが，結果的にある子どもを苦しめていないか，点検しておく必要がある。学級は一人一人の子どもで成り立っている。集団づくりを目的にしてはならない。集団づくりはあくまでも個人の成長発達を促す手段である。

心で結ばれる親和的な学級づくり

　子どもたちが安心して学級生活を送るためには，親和的な学級を準備すること。これがいじめを防止する最大の防御策となる。
　子どもたちは少子化等の影響から対人関係が未熟な状態にある。子どもだけではない。保護者もしかりである。人間関係が乏しいところでは保護者もちょっとしたもめごとに非常に敏感になる。
　いじめの解決には相当なエネルギーを必要とする。予防のためには，子どもにも保護者にも日常的に互いに交流できる場と機会を，意図的に提供していくことにエネルギーを注ぐべきである。

参考文献　池島徳大『クラス担任によるいじめ解決への教育的支援』日本教育新聞社出版局

〈非行問題〉

7 非行問題の生徒指導とは

多様化,凶悪化,広域化,低年齢化する非行問題には,リアクティブ（即応型）な生徒指導と,プロアクティブ（先手型）な生徒指導のバランスをとり,ネットワーク型生徒指導体制を構築する。

● 大人社会で起きているすべてのことが学校で起きている

　子どもたちの非行問題は,戦後第4のピークといえる様相を呈している。そして,量的にも質的にも従来とは異なる。例えば,何ら問題を抱えていないかにみえた子どもの突発的な暴力行為や殺人,不特定多数の殺傷を目的とする計画的な破壊行為,インターネットや電話等を悪用した人権侵害や脅迫および詐欺,非合法集団や金品が絡んだ性の逸脱行為,薬物乱用や覚醒剤の売買など,予見不可能な問題行動や組織的かつ凶悪な犯罪行為がみられる。大人社会の鏡とも思える子どもたちの非行問題を解決するには,大人社会で起きているあらゆる犯罪行為が学校において起こりうるという共通認識をもって,生徒指導体制を構築する必要がある。

● リアクティブ（即応型）な生徒指導とプロアクティブ（先手型）な生徒指導

　非行問題の対応では,問題行動が起きてからどのように対応するかというリアクティブ（即応型）な生徒指導と,問題行動の予防や子ども自身のよさや可能性の開発に力点を置いた集団指導によるプロアクティブ（先手型）な生徒指導が考えられる。前者では,問題行動を起こしている子ども一人一人に焦点を当てたインターベンション（介入）を行い,問題解決を図る。後者では,問題行動の未然防止を目的として,学級集団や学年集団を対象に,計画的な教育プログラムによる非行防止や犯罪被害防止に努める。今後ますます多様化,凶悪化,広域化,低年齢化すると考えられる非行問題では,両者のバランスのとれた生徒指導が望まれる。

参考文献　国立教育政策研究所生徒指導研究センター『生徒指導資料第1集　生徒指導上の諸問題の推移とこれからの生徒指導』ぎょうせい
　　　　　前田雅英『少年犯罪―統計からみたその実像』東京大学出版会

非行問題に対応する近年の動き ～主な調査研究報告書より～		
平成13年 4月	心と行動のネットワーク ―心のサインを見逃すな,「情報連携」から「行動連携」へ― 　　　　　　　　　　　少年の問題行動等に関する調査研究協力者会議 ○学校と関係機関の「行動連携」による問題行動への対応の重要性を指摘した
平成14年 3月	問題行動等への地域における支援システムについて（調査報告書） 　　　　　　　　　　　国立教育政策研究所生徒指導研究センター ○学校と関係機関の行動連携による「サポートチーム」を定義した
平成16年 3月	学校と関係機関等との行動連携を一層推進するために 　　　　　　　　　学校と関係機関等との行動連携に関する調査研究会 ○「サポートチーム」の形成・活動・終結等に関する具体的な方策を提示した
平成17年 6月	生徒指導上の諸問題に関する調査研究報告書 　　　　　文部科学省初等中等教育局（生徒指導上の諸問題に関する調査研究会） ○暴力行為やいじめに関する実態調査に基づく少年犯罪への提言した
平成18年 5月	「生徒指導体制の在り方についての調査研究」報告書 　　―規範意識の醸成を目指して―　国立教育政策研究所生徒指導研究センター ○段階的指導や出席停止措置等を含む生徒指導体制に関する提言をした

サポートチームを基盤とするネットワーク型生徒指導

　児童虐待を伴う家庭的な問題を背景とする非行問題，あるいは非合法集団等が絡む性の逸脱行動や薬物乱用といった重大な非行問題に直面した場合，校内の複数の教職員，保護者，関係機関等が連携した「サポートチーム」によるネットワーク型生徒指導体制によって非行問題を解決することが大切となる。

非行問題の解決で要求される専門的知識と実践経験

　少年法では，非行少年の類型として犯罪少年（14歳以上20歳未満）・触法少年（14歳未満）・虞犯少年の3種類がある。このほか，非行少年に該当しない不良行為少年がある。生徒指導においては，このような法的な専門用語の理解だけでなく，少年法や児童福祉法などの法的理解，児童相談所や家庭裁判所などの関係機関の理解，家庭裁判所における審判や保護処分などの理解と実践経験が要求される。

参考文献　法務省法務総合研究所編『犯罪白書〈平成17年度版〉少年非行』国立印刷局
　　　　　生島浩『非行少年への対応と援助』金剛出版

〈非行問題〉

8 非行問題の指導のしかた

①危機対応チームによる情報収集と分析→②サポートレベルの判定→③サポートチームの組織化→④個別教育計画に基づく組織的・計画的なチーム援助→⑤問題行動の解決→⑥フォローアップ

①危機対応チームによる情報収集・分析と校区内ネットワーク

　非行問題は，飲酒・喫煙・深夜徘徊などの不良行為から触法行為や犯罪行為まで多岐にわたる問題行動を含む。そのため，問題行動発生時の緊急対応と情報収集・分析を迅速に行う危機対応チームを編成できるようにしておく。構成メンバーは，管理職・生徒指導部（含教育相談）・養護教諭・当該児童生徒の学級担任等である。また，地域の協力を得るために，保護司，主任児童委員，民生・児童委員，少年補導員，地域の団体，PTAの役員等から構成される校区内ネットワークを生徒指導体制に位置づける。

②サポートレベルの判定とサポートチームの要請

　危機対応チームの情報収集や分析に基づいて，どの程度サポートが必要かサポートレベルの判定を行う。学校単独で対応可能か，あるいは複数の関係機関等との協力が必要であるのか検討する。深刻な問題行動では，複数の関係機関等の行動連携を前提として，教育委員会を通じて市町村ネットワークにサポートチームによるチーム援助の協力要請をする。

③サポートチームの組織化と④個別教育計画に基づくチーム援助

　サポートチームは，教育委員会，警察，児童相談所，精神保健福祉センター，福祉事務所，地域のNPO団体等が連携して形成される。サポートチームでは，アセスメントを実施し，問題解決のための個別教育計画を作成する。個別教育計画に基づいて，チーム援助を行う。

参考文献
八並光俊「連載 チーム援助の理論と実際」『月刊生徒指導』学事出版，2003〜2004
学校と関係機関等との行動連携に関する研究会『学校と関係機関等との行動連携を一層推進するために』，2004
國分康孝・國分久子監修『非行・反社会的な問題行動』図書文化

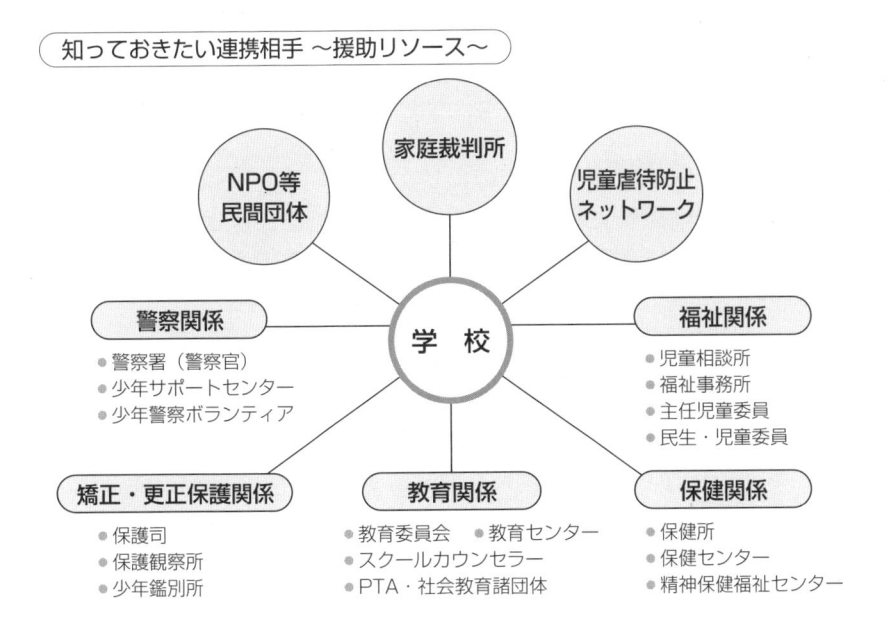

知っておきたい連携相手 〜援助リソース〜

```
                    家庭裁判所
        NPO等                    児童虐待防止
        民間団体                  ネットワーク

  警察関係                                    福祉関係
  ● 警察署（警察官）        学 校              ● 児童相談所
  ● 少年サポートセンター                      ● 福祉事務所
  ● 少年警察ボランティア                      ● 主任児童委員
                                              ● 民生・児童委員

  矯正・更正保護関係        教育関係            保健関係
  ● 保護司                  ● 教育委員会 ● 教育センター  ● 保健所
  ● 保護観察所              ● スクールカウンセラー       ● 保健センター
  ● 少年鑑別所              ● PTA・社会教育諸団体       ● 精神保健福祉センター
```

⑤問題行動の解決と⑥フォローアップ

　サポートチームの実践では，定期的にチーム援助会議を開催し，当該児童生徒のモニタリング（動静把握）を行う。個別教育計画の目標が達成された場合は，協議のうえサポートチームを終結する。

　終結後も問題行動の再発防止に留意して，一定期間行動観察，教育相談，家庭訪問などによるフォローアップを行う。

義務教育段階における出席停止措置の効果的な運用

　学校教育法の一部改正に伴い，義務教育段階における出席停止制度の改正（学校教育法第26条）がなされた。

　市町村教育委員会は，「性行不良」ならびに「他の児童の教育に妨げがある」場合，保護者に対して児童生徒の出席停止を命じることができる。出席停止措置期間中の生徒指導を徹底することによって，深刻な問題行動への移行を防ぐことも可能である。

参考文献　八並光俊「学校心理学部門　応用実践期におけるチーム援助研究の動向と課題—チーム援助の社会的ニーズと生徒指導の関連から—」『教育心理学年報』，2006
国立教育政策研究所生徒指導研究センター『「生徒指導体制の在り方についての調査研究」報告書—規範意識の醸成を目指して—』，2006

〈非行問題〉

❾ 非行問題の指導のポイント

> 日ごろからの情報連携を大切にし，研修を通した教師の危機介入能力や情報管理能力を育成する。同時に，子どもたちに対する非行防止教育や犯罪被害防止教育の充実を図る。

● 校内での日常的な情報連携と生徒指導主事による情報分析

　非行問題の二極化傾向として，問題行動や補導歴もない一見普通にみえた子どもが突発的ともいえる問題行動をとってしまう「いきなり型」と，喫煙や万引きなどの軽微な問題行動の繰り返しながら重大な問題行動に移行する「エスカレーション型」が指摘されている。

　いずれの場合も，何らかの予兆的な言動がみられることが多い。そこで，定例化された学年会・生徒指導部会・教育相談部会などを通して，気になる子どもに関する情報交換を日ごろから徹底し，チャンス相談や呼び出し相談による教育相談や家庭訪問を行い，問題行動の未然防止に努める。

● 事例検討会を主とした校内研修による危機介入能力の育成

　教師の教職歴，校務分掌歴，生徒指導歴などを考慮すると，教師間の生徒指導能力には大きな個人差がある。教師間の個人差は，問題行動の深刻化につながる可能性が高い。そこで，生徒指導部がリーダーシップを発揮して，スクールカウンセラーや教育委員会の生徒指導や教育相談担当の指導主事と協力し，事例検討会を主とした問題行動に対する危機介入方法に関する校内研修を計画的に実施する必要がある。児童生徒理解力の向上，具体的な援助方法の案出のトレーニング，サポートチームによる組織対応の理解をねらった事例検討会を行うことによって，危機介入能力の育成を図ることが大切である。事例検討会の種類として，インシデント・プロセス方式，シカゴ方式，S方式（埼玉県立南教育センター開発）[1]がある。

参考文献　上地安昭編『教師のための学校危機対応実践マニュアル』金子書房
[1]國分康孝編集代表『問題行動と育てるカウンセリング』図書文化

今後の生徒指導に求められる能力

カウンセリング能力
- 問題行動児童生徒や保護者に対するカウンセリング（教育相談）能力

アセスメント能力
- 児童生徒の多角的な理解や学校・家庭・地域の実態を把握する能力

教育プログラム開発能力
- 非行防止教育や犯罪被害防止教育等の教育プログラムを開発する能力

コーディネーション能力
- 校内の教職員や部門をつなぐ，学校と関係機関をつなぐ能力

個別教育計画作成能力
- 問題行動の解決に向けた個別教育計画を作成する能力

フォローアッププログラム開発能力
- サポートチームの終結後や出席停止措置の解除後の教育プログラムを開発する能力

コンサルテーション能力
- 教職員からの生徒指導上の相談に対する情報提供や助言をする能力

情報管理・活用能力
- プライバシーの守秘や法令遵守に基づき，生徒指導情報を管理し，活用する能力

研修プログラム開発能力
- 危機介入やサポートチームに関する各種研修プログラムを開発する能力

生徒指導情報の管理と個人情報の保護への配慮

子どもたちの生徒指導情報の秘密保持や管理には細心の注意を払わなければならない。個別の指導記録や会議録などの取扱いについては，「個人情報の保護に関する法律」（平成17年施行）に基づいて適切な管理をする。

非行防止教育によるプロアクティブ（先手型）な生徒指導の重要性

非行問題の解決には，学級集団や学年集団を対象とした計画的な非行防止教育プログラムや犯罪被害防止教育プログラムによるプロアクティブ（先手型）な生徒指導が重要である。

子どもたちの規範意識の形成だけでなく，非行の定義（非行とは何か），非行が自他の生活と人生にもたらす甚大な影響，非行集団や大人の非合法集団に関与しないための拒絶方法等の学習内容を含む法教育プログラムやサイコエデュケーション（思考・行動・感情をグループ活動を通して育てる方法）プログラムの開発と実施が望まれる。

参考文献
文部科学省・警察庁『非行防止教室等プログラム事例集』，2005
國分康孝監修，押切久遠『クラスでできる 非行予防エクササイズ』図書文化

〈発達障害〉

10 発達障害とは

> 発達障害とは，LD，AD/HD，高機能自閉症などを指し，脳の機能障害の問題である。不登校や非行などの二次障害に陥りやすい傾向がある。

▶ 発達障害とは

　発達障害とは，LD，AD/HD，高機能自閉症（アスペルガー症候群を含む）を指し，これらは，保護者の養育態度や家庭環境などが原因ではなく，脳の機能障害の問題である。特に，知的な障害を伴わない，あるいはあったとしても軽度の場合は，通常の学級に在籍していることになる。全国調査によると，この発達障害のある子どもが，通常の学級に6.3％存在する可能性が指摘された。この数は，障害がある子のための特殊教育（盲・聾・養護学校，特殊学級，通級指導教室）の対象者が1.55％であることを考えると，とてつもなく大きい数字であるといえよう。

▶ 発達障害のむずかしさ

　発達障害に対しては次のようなむずかしさがある。
- 場面や年齢，あるいは対応によって，著しく状態が変化する
　　極端な場合，担任がかわることで別人のようになる場合もある。
- 医師による診断が，必ずしも一致しないことがある
　　AD/HDと診断された子が，他の病院ではアスペルガーと診断されるケースはそう珍しいことではない。
- 理解不足による介入の誤りが多い
　　原因を親の養育や環境によるものと誤解することが多い。
- 不登校や非行などの二次障害に陥りやすい

LD（学習障害）とは

全般的な知的発達に遅れはないが，聞く，話す，読む，書く，計算する，または推論するなどの特定のことが著しく困難な状態

例えば
- 知的に問題はなさそうだが，学力が低い
- 漢字が極端に苦手
- 朗読が苦手
- ノートをうまくとれない　など

AD/HD（注意欠陥／多動性障害）とは

「不注意」「多動」「衝動性」

例えば
- 忘れ物が多い
- 整理整頓ができない
- 落ち着きがない
- おしゃべりである
- 指名されていないのに発言してしまう
- 順番が待てない　など

高機能自閉症

「社会性の障害」「コミュニケーションの障害」「こだわりの強さ」

例えば
- その場の空気が読めない
- 他の人が興味を持たないようなことに興味があり，「自分だけの知識世界」をもっている
- 周りの人が困惑するようなことも，配慮しないで言ってしまう
- こだわりが非常に強い　など

〈発達障害〉

11 発達障害の二次障害

生徒指導上の問題は，発達障害と密接な関係があると考えなければならない。これまでの考え方に新たに発達障害の視点を加える必要がある。

二次障害を生じる心理的な要因

二次障害を生じる心理的な要因として，次のようなことがあげられる。
- 低い自己評価
- 自分がどうすればよいかわからないという困惑
- 自分へのあきらめ
- 自分の存在を否定する周囲への反発

二次障害として現れやすい行動

二次障害として，どのような行動が現れてくるのだろうか。
- すべてに対してのやる気の喪失
- 怒りなどの情動の抑制不能
- 抑制しようとする意欲の喪失
- 他人への強い不信感
- 自分を認めようとしない周囲への反感
- 社会的ルールへの強い反発
- 自分の将来への悲観から自暴自棄な行動へ

以上のことから，発達障害が不登校，非行，あるいは少数ではあるが犯罪につながる場合も考えられるのである。

二次障害とは

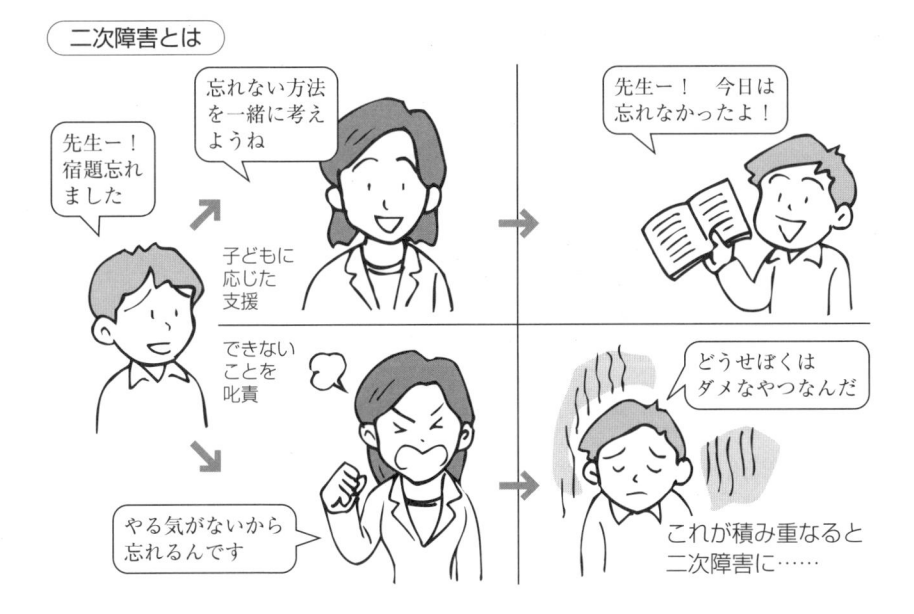

（イラスト：宿題を忘れた子どもへの対応の比較）
- 「先生ー！宿題忘れました」
- 子どもに応じた支援 →「忘れない方法を一緒に考えようね」→「先生ー！今日は忘れなかったよ！」
- できないことを叱責 →「やる気がないから忘れるんです」→「どうせぼくはダメなやつなんだ」これが積み重なると二次障害に……

生徒指導のなかで「発達障害」を考える意義

　正確な数字は報告されていないが，発達障害が二次障害に陥る可能性が高いということは，不登校や非行，あるいは高校の中途退学者の中に，相当数「発達障害」の問題が含まれているものと考えなければならない。

　従来，問題行動の原因を，本人の努力不足，家庭環境，生育の問題等心理的なものに求めてきた傾向が強かったといえる。しかし，発達障害は脳の機能障害という問題である。脳の働きによって，さまざまな行動や状態がつくり出されていたのである。つまり「そうせざるをえない」状態だったと考えるべきであろう。それなのに，心理的な対応や環境調整にとどまっていたとしたら，いささかピントがずれた対応になっていたということが考えられる。

　したがって，これまでの生徒指導の考え方に，新たに「発達障害」の視点を持ち込むことは非常に重要なことである。

〈発達障害〉

12 二次障害の予防と対応

> 学校としては，障害の特性に適切に対応すること，セルフエスティームを育てていくことによって二次障害を防止する。

学校で取り組むべきこと

● 気づき

努力しても成果が思うように上がらない生徒，いつも同じ注意を受ける児童などは，発達障害を疑ってみる必要がある。

● 二次障害の防止

二次障害の防止には，「障害特性に配慮された対応」と「セルフエスティーム（自尊感情）の育成」が大切である。指導にあたっては，課題を1～2つに絞ってねばり強く取り組んでいくということと，長所を伸ばすということに並行してかかわっていくことが重要である。

● 特別支援教育コーディネーターとの連携

学校には，発達障害に関する支援（特別支援教育）の校内委員会や特別支援教育コーディネーターが設置・指名されているはずである。生徒指導の担当者は，密接に連携をとりながら問題に対処していく必要がある。

● 告知の問題

年齢がある程度（中学校以上，場合によっては小学校高学年以上）高くなったら，本人および保護者に，発達障害の特徴をもっているということを，告知したほうがいい場合がある。障害名を使わない伝え方など工夫が必要であるが，自分の責任ではなかったと安心する例は多いものである。

告知する場合は，支援してくれる人がいること，支援体制が整っていることが最低条件である。

第3章 多様な場面で行う実践

```
二次障害を防ぐ対応
```

	授業	学級経営・学校生活
全体	●学級全体もよくわかるようになる「次は準備だね」「うん」理科実験 1.説明 2.器具確認 3.実験？ 4.実験？	●違いを認め合える集団づくり「みんな違ってみんないい学級にしよう！」
個別	●全体の進行についていくための補助 教科書を拡大したプリント 国語	●個人へ付加的な配慮と、周りの子どもへの配慮「シッ」トントン ハッ

支援の基盤となるもの

　発達障害に関しては，学校だけでは解決できないことが多い。ほかの教育機関，福祉や医療，あるいは司法関係と連携をとりながら進めていかなければならないことも多い。もちろん，保護者，NPO，民間機関，ボランティアなどとの連携も重要である。連携を進めていくことが，結果的に「開かれた学校」の実現につながっていくことになる。

　さらに，発達障害をもった子どもに応じた「特別な配慮」というものは，ほかの子どもにも大きなプラスになることでもある。つまり，発達障害への対応は，ユニバーサルデザインの側面があるということである。

　発達障害に対するさまざまな配慮は，しっかりとした「授業」「学級経営」の基盤があってこそ生きてくる。「わかる授業」「自らすすんで取り組める学習」になっているのか，教師は自問してみる必要がある。

　また，学級集団が，違いを認める集団，助け合い協力し合う集団に成長しているかも問われている。

〈性教育と保健指導〉

13 性教育と保健指導のねらい

> 性教育は，人権尊重の精神に基づいて，身体の科学的な理解のみならず，性に関する的確な意思決定や行動の選択ができるようになる資質や能力を養う。

性のカジュアル化を招くもの

2002年の国連エイズ合同計画によると，日本の若年層のエイズ感染者の増加率は先進国の中で最も高い。

木原ら[1]が行った調査では，①性行動の早期化，②性的パートナーの多数化，③性的パートナーが多い者ほどコンドームの使用率が低い，などが原因で感染拡大が進んだという。この背景として，性産業の氾濫とともに，「人間的なつながりや生きがい」を指摘している。人間関係が希薄になることで，性に関するモラルの規制や，相互の価値観の交流，精神的な深い絆の構築がいっそうむずかしくなるのである。

たしかに，好ましくないと思われる人間関係を築きやすい子どもが，思春期の早い段階で性の問題を抱えることが多く，家庭生活では養育者による頻繁な暴力や虐待などもみられる。家庭内の人間関係の希薄さが，適切な人間関係づくりの基盤を築くための障害となっているようだ。

さらに，低年齢で性の問題を抱える子どもたちには，リストカットや喫煙，飲酒，抑うつ状態などが併存している場合も多く，性の問題が，なんらかの心的外傷とも関係していることが考えられる。

比較的早期に，性交体験のある子どもたちは，性に関する情報をマンガや雑誌，友人から得ていることが多く，正確な知識を持ち合わせてはいない。知識がないまま性的な経験をもち，結果として，望まない妊娠や中絶にいたるのである。そこで子どもたちや地域の実態に応じて，段階的に性教育に取り組む必要がある。

引用文献 [1]木原雅子「特集　青少年の危険行動の防止　性行動―その実態・社会要因とWYSH教育の戦略」『学校保健研究』日本学校保健学会，47，501-509，2006

性のネットワーク化

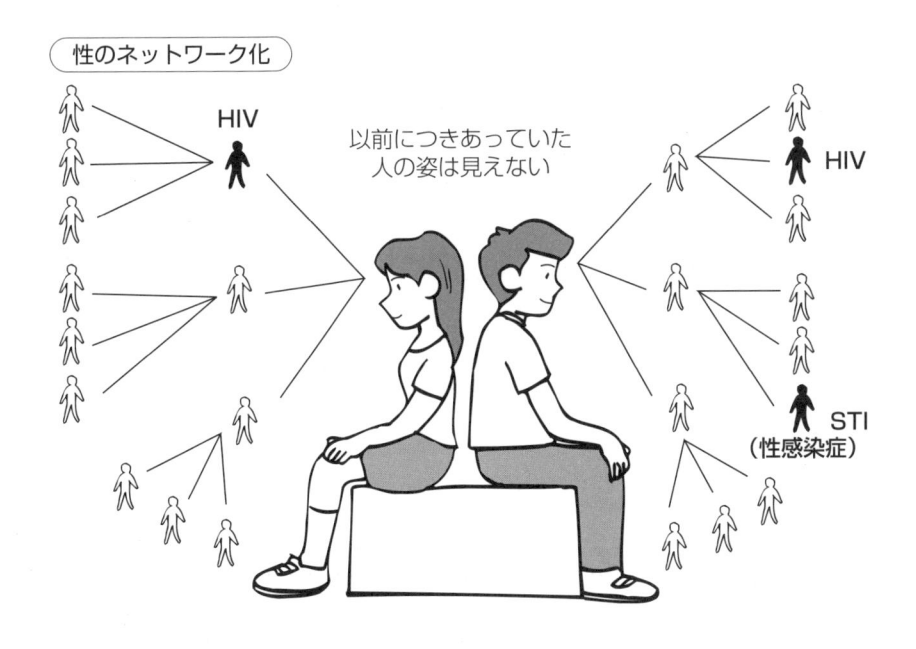

HIV
以前につきあっていた人の姿は見えない
HIV
STI（性感染症）

適切な意志決定や行動の選択ができるように

　性教育のねらいは，人権尊重の精神に基づいて，適切な意志決定や行動の選択ができることである。それには身体の科学的な側面の理解を深めるとともに，まずは，全人格形成が基盤となる。

　また，性の問題への個別対応としては，性の問題を抱えた子どもたちが，自分の体を大切にし，自分の人生を幸福な方向に結びつけられるよう，自己実現に向けての行動変容をめざしたい。

　そのためには，指導者側がかかわるときの注意として，何よりも，人間的な理解が大切である。性は人格の一部である。人権教育であることを認識する必要がある。秋山[2]は性の問題は，人間の本質的な問題であることを認識し，人間的な理解を示すことが重要であることを指摘している。

　表面的に起こっている性の問題だけを取り上げるのではなく，根底にある原因を探るべく，心に寄り添った指導が大切である。

引用文献　[2]E.ケネデイ著・秋山俊夫監訳『セクシャルカウンセリング』北大路書房

〈性教育と保健指導〉

14 性教育と保健指導の進め方

> 性教育は全校体制で取り組む。実態やニーズの調査，家庭や地域との連携，集団指導と保健室での個別指導との連動，外部機関との連携が重要。

● 集団対象に行う性教育
①系統的，体系的なプログラムの開発
　性教育のプログラムは，科学的な知識を教えるだけでなく，心理社会面の教育も念頭に入れ，人間関係のトレーニングを含めて作成する。さらに幼少期からの系統的・体系的なプログラムを開発し，組織的に実施する。
②実態に応じるためのニーズ調査
　性教育に対する教師の意識の差は大きい。それぞれの教師が育った社会背景を基盤に授業内容を構成するため，子どもたちのニーズとずれが生じやすい。また，教師間の共通理解をもつことも困難である。そこで事前に実態把握を行い，子どもの現状やニーズに合った指導を行う。
③家庭を巻き込む，事前の働きかけ
　性教育に対しては，さまざまな意見があるのが現実である。そこで，保護者に安心感を与え，協働で子どもたちを育てているという認識をもってもらうためにも，学級通信や学級懇談会などを利用して，実施するプログラムの目的や内容を，事前にできるだけ知らせておく。また，共に教材をつくるなどして，プログラム作成への参加を促すことも重要である。
④外部機関との連携を生かした実践
　校内の教師が指導しにくい場合は，トレーニングを受けた地域の保健師や，教育委員会などに登録されている専門講師に講話や指導をお願いする方法もある。また保健センターなどで行われているピアカウンセラー養成の案内を子どもたちに紹介するなど，地域保健事業との連携も有効である。

> カード式課題解決シミュレーション学習

1 準備

200枚のカード
裏には望ましい
行動や正しい知識

カード項目の一覧表

2 カードを引いて答える

性感染症
とは……

合っていたら一覧表の
項目にチェックする

保健室を中心に行う性問題の個別指導

　保健室は子どもたちが体の相談をしやすい場所であり，養護教諭は子どもの心身の変化に気づきやすい立場にある。妊娠の兆候や性虐待，レイプなどの被害をキャッチし，危機的な状態の子どもたちを救済する最前線である。そこで保健室から常に情報を得るようにしておくことが大切である。

　筆者（鎌塚）が作成し，保健室で使用している「カード式課題解決シミュレーション学習」を紹介する。楽しみながら知識を構築したり対処方法を学ぶことで，性と真剣に向き合う態度と意識の変容がみられたものである。

・「性感染症って何？」など，性教育に関連する質問が書かれたカード200枚と，そのカードを縮小して一覧表にしたものを用意する。
・子どもはカードを１枚引いて，質問の答えを考える。
・カードの裏に書かれている好ましいと思われる行動や正しい知識を確認し，正しかったときはカードの番号と同じ番号を一覧表にチェックする。
・よいアイデアはカード裏に書き込んだり，新しいカードとして増やす。

〈性教育と保健指導〉

15 性教育と保健指導の評価とポイント

望ましい性教育は，社会や子どもたちの実態によって変化する。常に子どもの実態に基づいて計画し評価する。ただし，生活態度や人格全般におよぶ多角的な見取りが欠かせない。

性教育の評価

- **教育効果測定と教育内容の見直し**

性教育も，ほかの教科等と同様に教育内容の評価を行う。その内容は，「適切かつ理解できる内容であったか」「行動変容にまでつながるものであったか」である。そうでない場合は改善が必要である。

しかし性の問題は，指導したからといって，すぐに行動変容が起こるわけではない。また，性情報が氾濫している現代では，すぐに効果が低下してしまう。そこで，指導を継続していくだけでなく，教育効果測定を1年に何回か実施する必要があるだろう。

- **「自分はきっと適切な意志決定や対処ができる」という感覚に着目**

中学校・高校での性に関する指導評価は，知識面についての評価はできても，行動変容の評価はむずかしい。例えば，性体験のない子どもの行動変容とは何を評価することになるのだろうか。

性体験のない子どもたちについては，自分が性的な場面に遭遇したときに，自分の人生を幸福に導く自己決定，行動選択ができるだろうという「自己効力感」をもつことができたかが重要な評価の視点になるだろう。

- **日常の観察で子どもの全体性をとらえる**

性教育が全人格教育だとすると，何を見て評価するのかというのはむずかしい。実際には，教師はおそらく，学級経営のなかでの子どもたちの様子の変化から感じ取れるものだろう。さまざまな教育活動を通しての子どもの様子から，性教育の内容が適切であったかを確認することになる。

性教育の手順と教育効果測定のサイクル

❶共通認識づくり	教職員が性教育に関する共通意識をもつ。講師を職員研修に招くなどするとよい	
❷組織づくり	性教育に関するプログラムを検討する組織を作る。例，校長・教頭・養護教諭・保健主事・各学年１名など。	
❸保護者説明	保護者に意義の説明と同意を得る。講師を招いて講習会とセットにすると効果的。	
❹実態調査	実態の把握を行う。ニーズに合ったプログラムの作成のために。	●性教育は積み重ねと継続することで効果が得られる。 ●幼児期からのプログラムの体系化と推進のための組織づくりが重要。
❺プログラム作り	プログラムの内容づくりと体系化	
❻実　践	外部講師の活用も有効	
❼評　価	評価のポイント，事前事後の意識や行動の変容。「自分はきっと適切な意思決定や対処ができる」という思いがもてたか。	

性教育のポイント

●社会変化に対応させる

　社会変化とともに，性の問題も多様化，複雑化している。子どもたちの興味，関心，不安，悩みもさまざまで，今後さらに多岐にわたっていくだろう。性被害の発生の状況なども，想定外の展開がみられることがある。

　そこで，常に社会の動向をリサーチし，現代的な課題にマッチした性教育の内容，教授法を取得していく必要がある。

●認知，知覚特性に応じた教育方法―特別支援教育の視点から―

　集団指導では，特別な認知特性をもつ子どもの存在を忘れてはならない。子どもによっては，知識が違った形で受けとめられたり，理解が困難な場合がある。そのため過剰に不安が高まったり，こだわりが強くなりすぎる場合も少なくない。そこで必ず個別の指導を並行して行う。

　その場合には，専門的知識をもった教師や外部機関との連携を図りながら個に応じた支援を行う。また家庭との協働は特に不可欠である。

参考文献　文部省『学校における性教育の考え方，進め方』1999

〈キャリア教育と進路指導〉

16 キャリア教育と進路指導のねらい

> 進路指導とは，子どもが自分の人生を自分の足で歩けるようになることを支援する活動である。現状は，成績による進路の振り分けという面がまだ強い。

● 不安な未来に迷う子どもたち

　1990年代前半から続く不況に苦しむ日本経済。自分の将来にとってこれが決していい影響はないと子どもたちも知っている。子どもたちは，自分の道をどう決めていいか迷っているのである。

　多くの企業が取り入れた数値目標の設定は，学校教育にも影響し，学習成績だけが進路指導の指標という考え方はいまだに確固たるものがある。進路指導は，従来から行われている学習成績に主体がおかれた進学・就職の指導，いわゆる出口指導になったままである。

● 新しい評価が指導に生かせているか

　学力低下の問題を受け，文部科学省は，ゆとり教育を見直すように方針転換を示唆している。例えば，生徒による授業評価や観点別評価の導入である。そのため，毎日の授業に反映するものが優先され，進路指導についての見直しは，後回しになっているのが実情といえるだろう。

　しかし，子どもの意欲態度等からも評価する方法がとられる新しい評価システムでは，学習成績が主たる判断材料になっている従来の進路指導よりも多様な能力を加味した進路指導が行えるかどうかが問われている。

● 一生にわたるキャリア形成をめざす

　こうしたいままでの進路指導をもとに，さらに，人生の主人公は自分であり，人生の岐路に立ったとき，自己決断できるような能力を身につける

自分の足で人生を歩むために

人間関係形成能力　将来設計能力　情報活用能力
自分に問う　キャリア
自己決断　意志決定能力　将来展望

指導をしようとするのがキャリア教育である。

　つまり，人生を送るうえで，人は人間関係を構築し，そこから情報を得て，その情報から自分に有用なものを選択し，そして，自分の道を決断するというキャリア形成の過程を発達段階にしたがって指導するのである。

人生の主人公になるために

　育てたい能力として，自分に問う力，自己決断，人間関係能力，将来展望などをあげたい。

　特に人間関係能力は，新しい自分の発見につながる他者からの重要な言葉をもらう（フィードバック）機会が多くなるので重要である。

　それには構成的グループエンカウンターの導入は効果的である。他者からのフィードバックによる自己発見を，意図的・計画的に体験させることで，自分の価値観や職業観を知ることができる。それゆえ，自分の人生の主人公になる，あり方・生き方の進路指導ができる。

参考文献　木村周編『進路と生き方についての相談』ぎょうせい
　　　　　片野智治ほか編『エンカウンターで進路指導が変わる』図書文化

〈キャリア教育と進路指導〉

17 キャリア教育と進路指導の進め方

> 進路指導は，子どもがいまの自分を知り，将来の目標を立て，その目標達成に向かって進んでいくことを支援する。そのなかで，自分の職業観（人生観）を構築していく。

● 進路指導の6つのプロセス

学校進路指導は，「個性理解・職業理解・啓発的経験・カウンセリング・方策の実行・追指導」という6つのプロセスで成り立つ。

このうち，個性理解・職業理解・啓発的経験は，職業観・勤労観を育てるキャリア教育や小学校の実践でも充実が期待される。

●「個性理解」で現在地に気づく

個性理解とは，自分の長所，短所，将来の夢，趣味，好きなことなどから，自分自身を知ることである。小さいころになりたかった職業でもよい。

現在の居場所を知り，これからの人生をどうするかを決めておかなければ，道に迷うことになりかねない。

そこで，2つの方法を提示したい。1つは，個別の職業名に対する興味から自分自身を考えるグループ活動「カード式進路探索」「それってどんな自分」[1]で，これは子どもの主観に訴えるものである。もう1つは，進路適性検査である。これは客観的に自分を知るためである。

●「職業理解」と「啓発的体験」で目標を定める

目標を定めるためには情報が必要である。世の中にはどんな職業があるか，目標とする職業のみならず，領域を広げて情報を収集させたい。多くの情報から自分の個性に合った情報を選び，目標を定めることが望ましい。

例えば「職業調べ」は，子どもに興味のある職業を調べさせる課題であ

進路指導の6つのプロセス

個性理解	職業理解	啓発的体験
好きなことは…／得意なことは…	おいしいって言われるとうれしいね	その花運んで―

カウンセリング	方策の実行	追指導
パイロットになるためには……	先生！○○高校を受けます	先生〜高校の数学むずかしいよ〜

る。ただし興味のある職業，興味のない職業とを対照的に調査させるとよい。興味のない職業の内容を知ることにより，知見が広がるからである。インターンシップなどで，そのなかの職業を実際に体験してみるのもよい。またボランティア活動も，自分の可能性を知る手がかりとなる。

　これらの活動により，紙の上での知識だけでなく，実体験による職業観の修正ができるからである。

迷いや悩みに，「自分に問う力」を育てる

　自分の進む道が見えて選択肢が増えると，どこへ進もうかと迷う。そこでカウンセリングであるが，その前に，自分に問う力を育てたい。

　これには，迷いや悩みを生徒同士で話し合う方法をとり，「迷うこと，悩むことは，人生にとっては必要なこと」と指導したい。

　人生の岐路に立ったとき，迷いや悩みはつきものだからである。また，迷い，悩み，それを解決することで人は成長するからである。

参考文献　國分康孝編『進路指導と育てるカウンセリング』図書文化
①國分康孝監修『実践サイコエジュケーション』図書文化

〈キャリア教育と進路指導〉

18 キャリア教育と進路指導のポイント

進路指導は子どもの自己肯定感を高めることが大切。また，自己が拡散しないように，いまの状態を確認しながら，段階を追って行うとよい。

●「迷いながらの進路選択」を支える

　人生は選択の連続である。人生の岐路に立ったときに，自分の道を迷いながらでも自主的に選択できるような指導をしたい。
　1つを選択することは他の選択肢を捨て去るということである。それゆえ，自己理解，職業理解（情報）のうえに成り立った目標の設定，計画性，自主・自律的な判断力等の力を育てたい。これらの力の元としては特に自己肯定感を育てたい。自己肯定感があれば，かなわないこともありうるという不確実性に耐えながらも，人生の目標を選び，取り組んでいけるからである。

● 自己の拡散と萎縮に対応する

　自分の能力を過大に自己評価する子ども，例えば十分な学力がないのに医者になると主張し続ける子ども，逆に，能力は十分にありながら自信がもてず，自己を主張することをためらい，自己卑下する子どもがいる。
　前者は自分の現在地を受け入れられず自己がふくれあがっている状態，後者は自分を肯定できず，自己が萎縮している状態である。そのような子どもには，まず教師からの言葉かけ（フィードバック）をしてあげたい。例えば，問題を抱えている子どもには，「何かしっくりこない自分がいるのかな」など漠然とではあるが問題を意識させるような質問をしたい。

● 自己肯定感を育てる言葉かけ

　子どもに言葉かけをするときに，自己肯定感を高めるような言葉をかけ

たい。それは、問題を抱えること自体で否定的になり、自分だけ何か取り残されるような感情をもつからである。

例えば、進路をなかなか決められない生徒に対して、「だれもが一度は通過する問題だから、君一人が特別なんじゃない」というようにである。

さらに、同様な状態にあるほかの生徒の存在がわかると、「自分だけが特異な存在だ」という思いがなくなり、安心し、先を考えることができるようになる。

教師がキャリアモデルとなる

子どもに対する教師の基本姿勢は、日常の教科指導にも通じる。教科指導も含めて進路指導・キャリア教育にしたい。

子どもの身近なキャリアモデルは保護者や教師なので、教師が自分の人生観、「なぜその教科を教えているか」「なぜ教師になったか」などを語ることである。モデルをもつと自分について考えやすくなるからである。

〈チームサポート〉

19 チームサポートとは

多様な教育的ニーズに、担任が一人で悩み取り組んでいる状態では、組織の力が発揮されず、担任は疲れ、学級にも影響が表れる。チームで支援すること、そのための体制づくりが不可欠である。

◗ 多様な教育的ニーズにこたえるむずかしさ

　子どもたちは、毎日の生活がうまくいかなくて、苦しんだり、困った状況に陥ることがある。このようなとき一人一人の教育的ニーズを的確に把握し、適切な支援の内容や方法を考え、対応をしていくことが必要である。

　しかし担任もまた個別の支援には不安や悩みをもち、困っている。それは次のような理由からである。

・学習のつまずきに個別に十分対応するには、担任だけではむずかしい
・落ち着きがないなどの行動特性に応じた対応がわからない
・個別に行う対応を、ほかの子どもにどう説明したらよいのか悩む
・問題が起きてからの対応システムは確立してきているが、もぐら叩きのような指導に追われている気がする
・だれに相談したらよいのかわからないし、時間がうまくつくれない

　そこで、個別支援ニーズの高い子どもの援助にはチームで取り組むことが大切である。

◗ チームサポートの効果

　担任だけが悩みながら個別支援に取り組むのではなく、保護者や学年の先生方、養護教諭やスクールカウンセラーなど、ほかの援助者と意識的にチームを組むことで、子どもの情報が集まり、整理され、「困っている」状況が理解しやすくなる。

　また、担任が一人で行える援助には限りがある。さまざまな立場のメン

1人の子どもをみんなで支えるチームサポート

スクールカウンセラー　担任　学年の先生
校長
保護者
養護教諭　生活指導主任　医療機関

バーが話し合い，子どもへの援助について，学級でできること・学校でできること・家族としてできることなど，意見を出し合って役割分担すると，子どもに援助できることが増えていく。

必要に応じて，病院や相談機関，つまり地域の援助資源と協力して「チームサポート」を進めれば，援助できることがさらにふくらむ。

連携のむずかしさを乗り越える

一人一人の子どもの支援の内容・方法を考え，実際に指導や支援をチームで行うためには，「校内の支援体制を整える」「地域の相談支援ネットワークづくり」に取り組む必要がある。

なぜなら，連携が必要だとわかっていても，システムがなければなかなかうまくは進まないからである。教師同士の結びつきは希薄で，「互いに働きかけられれば応えるが，通常は個々の独立性と分離性が保たれている状態」（淵上）[1]なのである。

引用文献　[1]淵上克義『学校が変わる心理学—学校改善のために—』ナカニシヤ出版

〈チームサポート〉

20 チームサポートの進め方とポイント

不登校,問題行動,特別支援教育へのチームサポート実践が期待されている。アセスメント→個別援助計画→チームサポート実践→チームサポート評価と進める。

チームサポートの流れ

①情報収集
行動面で気になる子どもだけではなく,小さな変化を見逃さないようアンテナを高くして,支援を必要としている子どもがいないか情報を集める。

②情報の集約・共有
困っている子どもに気づいたら,校内でコーディネート役を担っている教師か学年の教師に相談し,情報を共有する。必要に応じて,生徒指導部会や教育相談部会などの場や外部の関係機関からも情報を集めるために,チーム会議の場を設定する。子どもの困っている状況等だけでなく,支援のための機関等がどのくらいあるかなど総合的に情報を把握する。

③支援策の検討(PLAN)
情報の把握を受けて,「いつ」「どこで」「だれが」「何を」「どのくらいの期間」支援するか,チーム会議で具体的に方針・計画を立てる。

④具体的取り組み(DO)と状況把握
方針・計画をもとにチームのメンバーそれぞれが支援に取り組む。コーディネーター役の教師は,支援の進捗状況を随時把握し,必要に応じて情報交換や打ち合わせの機会を設定する。場合によっては,計画の微調整を行う。

⑤評価(SEE)
1,2か月が過ぎたら,チームのメンバーで再び集まり,各自が取り組んだ支援の評価をする。取り組みを振り返り,評価を次の支援に生かす。

参考文献 ①石隈利紀・田村節子『石隈・田村式援助シートによるチーム援助入門』図書文化

チーム会議

場面に合わせた言葉づかいを教えるようにしましょう（担任）

食事をきちんととらせるようにしますね（保護者）

教室に入りにくいようなら保健室に登校してもらいましょう（養護教諭）

多くの先生に声をかけてもらえるようにたのんでみますよ（生徒指導担当）

指導のポイントと留意点

チームサポートを円滑に進めるには有意義な会議が必要である。

ここでは，石隈・田村[1]による「援助チームシート」や「援助資源チェックシート」を活用したチーム会議法を紹介する。

● 援助チームシート

このシートにそって会議をすることで，子どもの「苦戦していること」を確認し，「情報のまとめ」から「援助方針」と「援助案」の作成ができる。このように教師が援助について考えたりまとめたりするときにも活用できるし，作成したシートは援助チームの話し合いの記録にもなる。

また，子どもの「困ったこと」「できないこと」だけではなく，「よかったこと」「できること」にも気づくことができ，日々の援助に役立つ。

● 援助資源チェックシート

子どもの周りにいる援助者，つまりサポーターを発見して活用することができる。学校内の援助者だけでなく家庭や地域の援助者も記入できる。

参考文献　神奈川県立総合教育センター『ティーチャーズ・ガイドⅡ　チームで取り組む日々の実践と不登校への対応』2005

【石隈・田村式援助チームシート標準版】

実施日：　　年　月　日（　）　時　分～　時　分　第　回
次回予定：　　年　月　日（　）　時　分～　時　分　第　回
出席者名：

苦戦していること（　　　　　　　　　　　　　　　　　　　　　　　　　　　　　　　　　　　）

児童生徒氏名 年　組　番 担任氏名	学習面 （学習状況） （学習スタイル） （学力）　など	心理・社会面 （情緒面） （ストレス対処スタイル） （人間関係）　など	進路面 （得意なことや趣味） （将来の夢や計画） （進路希望）　など	健康面 （健康状況） （身体面の様子） 　　　　　など
情報のまとめ　（A）いいところ　子どもの自助資源	得意(好き)な科目 自信があるもの： やりやすい学習方法： 学習意欲：	性格のいいところ： 楽しめることやリラックスすること： 人とのつきあい方：	得意なことや趣味： 将来の夢や憧れの人： 役割 ボランティア： 進路希望：	体力や健康状況： 健康維持に役立つこと：
（B）気になるところ　援助が必要なところ	成績の状況や学習の様子： 苦手・遅れが目立つ科目など： 学習意欲：	性格の気になるところ： 気になる行動など： 人とのつきあい方：	目標や希望の有無など： 進路情報：	心配なところ： こだわりや癖： 気になる体の症状：
（C）してみたこと　今まで行った、あるいは、今行っている援助とその結果				
援助方針　（D）この時点での目標と援助方針	「この子どもにとって必要なこと、大事にしてほしいところ、配慮してほしいこと」等			
援助案　（E）これからの援助で何を行うか				
（F）誰が行うか				
（G）いつからいつまで行うか				

©Ishikuma & Tamura 1997-2003
石隈利紀・田村節子『石隈・田村式援助シートによるチーム援助入門』図書文化より

参考文献　石隈利紀『学校心理学』誠信書房

第3章　多様な場面で行う実践

田村・石隈式【援助資源チェックシート】
（1997～2003）

記入日　　年　　月　　日

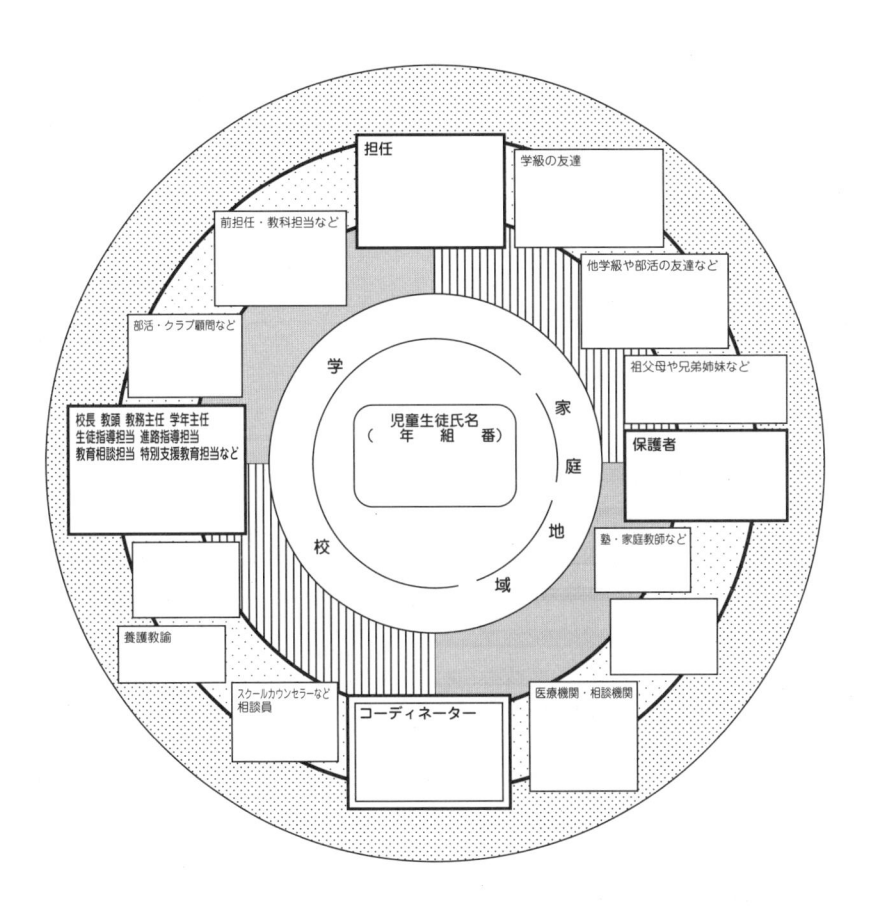

- 担任
- 学級の友達
- 前担任・教科担当など
- 他学級や部活の友達など
- 部活・クラブ顧問など
- 祖父母や兄弟姉妹など
- 校長 教頭 教務主任 学年主任
  生徒指導担当 進路指導担当
  教育相談担当 特別支援教育担当など
- 保護者
- 塾・家庭教師など
- 養護教諭
- スクールカウンセラーなど相談員
- 医療機関・相談機関
- コーディネーター

中央：児童生徒氏名（　年　組　番）

領域：学校／家庭／地域

凡例：学習面／心理社会面／進路面／健康面

©Ishikuma & Tamura 1997-2003
石隈利紀・田村節子『石隈・田村式援助シートによるチーム援助入門』図書文化より

〈学校危機介入〉

21 学校危機介入とは

> 学校危機とは，生徒指導上の問題等を契機に子どもの安全・安心が脅かされた状態を指す。予防に取り組むとともに，適切な介入により保護者や地域が学校に求める安全・安心を速やかに回復する。

日常の危機の芽を改善のチャンスに

　子どもが集団生活する学校では，多少の対人関係のトラブルやルール違反は起こりうる。例えば「いじめによる不登校」が起こったとき，それは「学校危機」であると考える教師は，少ないのではないだろうか。

　ところが，マスコミをにぎわすような重大な学校の「危機」は，案外日常の些細な事柄から端を発していることが少なくない。事が重大化してから，「危機」の渦中にあることを理解しても遅い。

　キャプランは危機事態を「重大な障害に直面した際，一時的，習慣的な問題解決手段では克服できないときに発生する。(中略) 解決への様々な試みはうまくゆかない」(1961) と定義した。

　危機「クライシス」(crisis) という言葉は，ギリシャ語の「クリシス」(krisis) が語源で，危険な方向と安全・安心な方向への分岐点を指す。したがって危機はよい方向に好転するチャンスにもなる。

　教師が日常の出来事の中から「危機の芽」を把握し，より早く適切に介入することが，日常の些細な問題が「学校危機」になるか，改善のチャンスとなるかの分岐点となる。

危機場面の克服体験を今後の糧とする

　もし学校危機が生じたなら，原因解明や対処評価などを通じ，後の学校教育へ活用すべき貴重なリソース（資源）として見ながら，危機を克服することが大切である。そのためには「危機場面」を，組織や個々の教師の

参考文献　S.ブロック他著・今田里佳監訳『学校心理学による問題対応マニュアル』誠信書房
　　　　　上地安昭編『教師のための学校危機対応実践マニュアル』金子書房

危機をチャンスとする

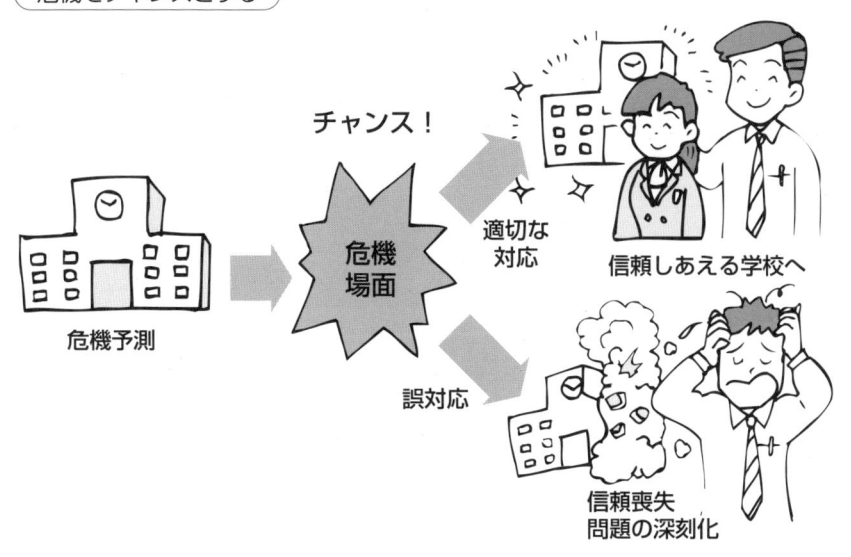

危機予測 → 危機場面 → チャンス！
　適切な対応 → 信頼しあえる学校へ
　誤対応 → 信頼喪失　問題の深刻化

動きなどの多様な観点から記録し，十分吟味をする必要がある。そのなかから問題の予防に必要な改善すべき課題や継続するとよい点が見えてくる。

子どもに寄り添う視点で

　生徒指導に関する危機介入の目的は，問題を封じ込めることではない。むしろ危機が生じることで見えるようになった，教師や子ども同士のかかわりを含む問題解決への道筋が，結果的に子どもへの発達支援となる。

　そのためには，子どもは発達途上であり可塑的存在であることを踏まえること。子どもの問題行動自体も「そうせざるをえなかった」といった視点から，子どもに寄り添うことが基本的態度である。

　なお，学校危機を予測し準備する際も，学校の子どもの発達保障を念頭に置いた，ていねいな計画・立案が大切である。

　そのうえで危機介入が実行されるなら，地域や保護者のよりいっそうの理解と協力が得られ，子どもと教師の信頼関係が向上するチャンスとなる。

〈学校危機介入〉

22 学校危機介入の進め方

担任の個人対応でも，学年や生徒指導部などチーム対応でも，どんな場面でも「報告・連絡・相談」を織り込んだ対応を行う。

▶ 日ごろの児童生徒理解と報告・連絡・相談

児童生徒理解は指導の基本である。日常の学習活動や遊びのなかで，個別にあるいはグループの行動観察からさまざまな情報を得ることができる。個人，あるいは学級集団に対するアセスメントにより得られた情報から，起こりうるさまざまな局面の問題を予測し，各々対応を立てておくことは有効である。可能性を想定しておくだけでも，あわてなくて済む。

また既知の問題に限らず，想定される内容について，プライバシーの尊重に十分配慮しつつ，職員会議や生徒指導部会等で管理職をはじめほかの教師へ伝えておくことで，問題発生の際により素早い対応が可能となる。

▶ 問題の発見と確認

自分で気づく場合，ほかからの情報でわかる場合のいずれも，問題があることがわかった時点で，猪突猛進で解決にあたろうとするのではなく，事柄の真偽を確認する必要がある。子どもの年齢が低い場合は直接尋ねる方法もあるが，冷静な対応と子どもを尊重した面接スキルが求められる。

▶ 冷静な対応

対応は子どもを支援するためであり，教師の感情の赴くままに子どもを不当に叱責すべきではない。反対にこびる必要もない。冷静かつ毅然とした態度で問題を確認する。

仮に情報が誤りでも，見過ごしにすることは好ましくない。なぜ，その

ような誤った情報が出てきたのか，その背景をていねいに探る過程から，問題の背景や解決すべき課題が明らかになることがある。特に対人関係に関することでは，このようなことは少なくない。

複数の教師で問題解決

　担任だけで解決しようとして，子どもを並ばせて順に話を聞くような方法は取らないほうがいい。子ども集団の力関係による影響（ピアプレッシャー）を考慮する必要がある。問題解決後も子どもはその集団で生活していくのだから，「○○はこう言っているけど，あなたはどうなの？」と，ほかの子どもの言葉を使って，話を引き出すことも避けたほうがよい。

　問題の把握には複数の教師であたる。得られた情報に基づいて関係する教師がチームを組み，各々の役割確認と対応方針を協議する。それとともに管理職への報告，ほかの教師への周知徹底を図り，十分な共通理解を得ておく。問題解決の進捗状況の報告も随時行う。

〈学校危機介入〉
23 学校危機介入のポイント

問題行動は,「発達的に未熟な子どもが,社会的な望ましい行動を未学習であるか,誤学習した」ととらえ,適正な指導(個別支援)と環境調整(家庭,子ども集団)によって予防・改善を行う。

▶ 事情を聞くときは複数の教師で(プラス1の原則)

問題にかかわる子どもが複数の場合,指導担当などの教師の手を借り,個別に話を聞く。子どもを別々の部屋に分け,いっせいに様子を聞き,個々にていねいに矛盾を確認していく。教師は子どもの数プラス1名の人数であたりたい。男性と女性の教師がペアで面談にあたれるとなおよい。

▶ 子どもとの関係づくりに有効なスキル

教師が子どもと面談し,関係を壊さず上手に話を聞くためには経験と習熟した面接スキルが必要である。

NLP(神経言語プログラミング)やブリーフセラピーには,短時間でできる子どもとの関係づくりや,問題の焦点化に有効な明快で体系化されたペーシング(関係づけ)や,質問法のスキルがある。

▶ 抑えている感情を放出させる

教室で起こる些細なもめごとに対しては,「がまんしなさい」「無視しなさい」のように,怒りの感情を抑制する指導を行いがちである。

家でも学校でも幼児期から「よい子」を演じ,無意識にがまんを重ねた子どもは,感情表出に困難を伴う失感情症や,問題行動時の記憶がない(解離)される子などのように,深刻な問題に陥る可能性も考えられる。

そのような子どもを支援し,問題行動を予防する観点から,怒りや悲しみなどの感情を上手に表現し,他者に伝えさせる「アサーションスキル」

や，自分自身でクールダウンさせる「ストレスマネジメント」が有効である。

問題行動を減らすには，望ましい行動を増やす

罰は問題行動を一時的に減らすことはできるが，望ましい行動を身につけさせることはできない。

より望ましい社会的行動を身につけさせるためには，子どもにアイデアを出させて，選ばせ，それを教師が賞賛する。教科の学習指導と同様にスモールステップで望ましい行動を形成する手だてが有効である。

例えば，教室で出歩いて困る子どもがたまたま着席していたり，暴力を振るう子どもがふとやさしい行為を見せたりした際に，すかさず「よく座っているね」や「やさしいね」とほめ，やめさせたい行為は無視する。

書籍1　生徒指導の基本的な文献・参考図書(1)

●生徒指導の定義・考え方・方法に関する書籍
・文部省『生徒指導の手引　改訂版』大蔵省印刷局
・文部省『小学校・中学校・高等学校　学習指導要領』
・坂本昇一『生徒指導が機能する教科・体験・総合的学習』文教書院
・文部省『生徒指導資料〈第20集〉生活体験や人間関係を豊かなものとする生徒指導―いきいきとした学校づくりの推進を通じて　中学校・高等学校編』大蔵省印刷局
・犬塚文雄『子どもたちの生きる力を育む　教育カウンセリング』福音社
・國分康孝・國分久子監修／飯野哲朗『「なおす」生徒指導，「育てる」生徒指導』図書文化
・稲垣應顯・犬塚文雄編著『わかりやすい生徒指導論（改訂版）』文化書房博文社

●生徒指導のテーマ・問題別の基本図書
・池島徳大『クラス担任によるいじめ解決への教育的支援』日本教育新聞社
・生島浩『非行少年への対応と援助』金剛出版
・S.ブロックほか著／今田里佳監訳『学校心理学による問題対応マニュアル』誠信書房
・上地安昭編『教師のための学校危機対応実践マニュアル』金子書房
・國分康孝編集代表『問題行動と育てるカウンセリング』図書文化
・押切久遠『クラスでできる　非行予防エクササイズ』図書文化
・片野智治ほか編『エンカウンターで進路指導が変わる』図書文化
・國分康孝編集代表『進路指導と育てるカウンセリング』図書文化
・木村周編『進路と生き方についての相談』ぎょうせい
・河村茂雄『学級崩壊　予防・回復マニュアル』図書文化
・E.ケネディ著／秋山俊夫監訳『セクシャルカウンセリング』北大路書房

第4章

身につけておきたい診断技法

1 Q-U
　　（楽しい学校生活を送るためのアンケート）
2 POEM
　　（生徒理解カード）
3 PASカード
　　（進路適性診断システム）
4 エゴグラム
5 OKグラム
6 S-HTP法
7 動的学校画

1 Q-U（楽しい学校生活を送るためのアンケート）

子どもと学級集団に関する情報から，不登校，いじめ，学級崩壊などの問題の早期発見と，対応に役立つ心理テストである。

▶ 特色：学級集団の状態と子ども一人一人の意識がわかる

Q-Uとは，「楽しい学校生活を送るためのアンケートQ-U」のことで，河村茂雄が開発した標準化された心理テストである。

このテストは「いごこちのよいクラスにするためのアンケート（学級満足度尺度）」「やる気のあるクラスをつくるためのアンケート（学校生活意欲尺度）」で構成され，実施には，約15分かかる。この結果は，①一人一人の子ども，②学級集団，③個人と学級集団の関係，の理解と対応方法が示され，学級経営の方針を立てることに利用できる。

▶ 方法：まず人間関係が安定する１学期半ばに実施したい

●学級満足度

承認得点（自分の存在や行動が級友や教師から承認されていると感じているか）を縦軸に，被侵害得点（不適応感やいじめ・ひやかしなどを受けていると感じているか）を横軸で表す。座標位置から，子どもがどういう支援を必要としているかを把握できる（※は特に「要支援群」を示し，個別支援を行う必要がある）。

	承認得点 高	
被侵害得点 高	Ⅲ群	Ⅰ群
	Ⅳ群 ※	Ⅱ群
	低	低

●学校生活意欲尺度の結果から

学習，友人関係など，さまざまな場面での学校生活への意欲がわかる。

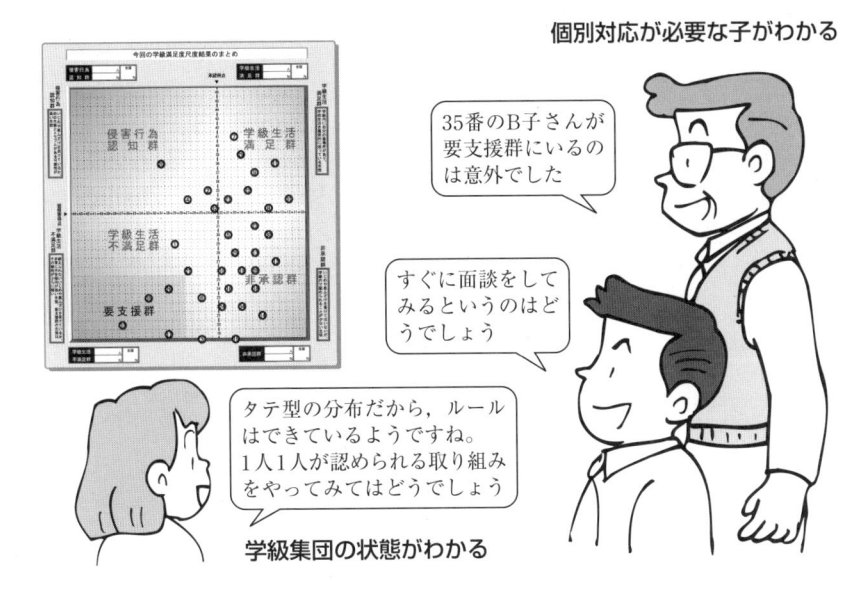

第4章 身につけておきたい診断技法

個別対応が必要な子がわかる

「35番のB子さんが要支援群にいるのは意外でした」

「すぐに面談をしてみるというのはどうでしょう」

「タテ型の分布だから、ルールはできているようですね。1人1人が認められる取り組みをやってみてはどうでしょう」

学級集団の状態がわかる

効果と留意点：並行して教師の観察，知見も大切に

● 学級づくり，学級崩壊の予防に

　学級満足度尺度の結果の分布状況から，学級における「ルール」と「リレーション」の実態把握ができる。解説書には典型的なパターン，学級再生に向け苦労して取り組んだ例と対策の実践例があり，これを参考に，客観的データに基づく学級づくりの方針を立てて実践ができる。

● K-13法[1]を用いた事例検討……学校全体での取り組みが効果的

　学年や学校全体での事例検討会を行い，具体的な対応策を協議し，チーム連携して個々の教師のもつ情報を統合し，学級改善に取り組むことである。これにより，教師力，教師集団力をも高めることになる（K-13法は，河村茂雄が開発した問題解決志向型の事例検討法）。

● Q-Uの結果だけでは十分な読み取りとはいえない

　「Q-U」の結果だけでなく，教師の日常観察や面接結果等の情報を統合して検討することが大切である。

参考文献　[1]河村茂雄『学級づくりのためのQ-U入門』図書文化
　　　　　河村茂雄『学級崩壊　予防・回復マニュアル』図書文化

121

2 POEM（生徒理解カード）

> 8つの特性から子どもの傾向を知り，不適応な状態に陥っていないかを予測するテストである。いわゆる「よい子の息切れ」も発見できる。

◗ 目的：不適応行動の早期発見

　POEMとは（Prediction of Emotional Maladjustment）の頭文字からの名前で，「情緒的な不適応の予測」という意味をもつ「個性発見・不適応行動予測検査」である。

　現実の生徒指導では，不登校，怠学，非行等の不適応行動への対応に追われ，問題行動が表面化してからはじめて対応している状態である。それゆえ，心のつまずきの早期発見は，生徒指導上の喫緊の課題であると考えられる。

◗ 特色：短時間で個性発見と不適応予防

●POEMは質問紙法の検査である

　質問に回答させることで，受容感，効力感などの特性の状況を知ろうとする方法である。この方法は短時間で多数の子どもたちの心の情報を集めることができ，実施・解釈・活用が容易という長所がある。なお，結果はすべてコンピュータ処理される。

●小学1年～高校生まで対象が幅広い

●8つの基本的特性と13の不適応行動を設定している

　8つの基本特性（受容感，効力感，セルフコントロール，不安傾向，対人積極性，向社会性，攻撃性，原因帰属）から子どもたちの個性の発見と理解を行い，13の不適応行動（不登校，家庭内暴力，非行，いじめ等）の発見・予測を目的としている。

●過剰適応の設定

　従来の心理検査では，特性の得点が「高ければよい」という考え方で結果を判断していた。しかし得点が「高すぎる」のは，かなり無理をしている場合も考えられるので，POEMでは得点が高すぎるものを「過剰適応」，中程度を「適応」，低すぎるのを「不適応」と判定する。

効果と留意点：結果に表れた子どもの姿にまず共感し，受けとめる

　POEMの結果には，子どもが自分自身や環境（親，教師，友達など）をどのように感じ，受けとめているか，またさまざまな生活場面・状況にどのように対処しているかが表れる。

　結果を見るときに大切なことは「子どもを見る自分の目は正しかったか，間違っていたか」という見方ではなく，POEMに表れた子どもの姿に教師が共感し，受けとめるための資料にすることである。

参考文献　高野清純他『POEM手引』図書文化

3 PASカード（進路適性診断システム）

PASカードは，中学校での進路指導・キャリア教育の充実を図るための検査である。生徒の興味や能力の認知，将来の希望などを質問紙法により調査して，生徒の自己理解に役立てる。

▶ 特色：進路選択のための肯定的な自己理解を深める

　進路を考えるうえで，自己の興味や，特性，能力などについて適切な自己理解をもつことは大切であるが，中学生の発達段階においては，現実的な自己理解に加えて肯定的な自己理解をもつことが，さらに重要である。
　PASカードは，生徒へのフィードバック資料が充実しており，進路学習ノート「パスカル」と呼ばれる生徒用副教材を組み合わせることで，結果の提示から活用までの一連の流れのなかで，生徒が肯定的な自己理解を深めることができるよう配慮されている。

▶ 方法：事前指導でより効果があがる

　PASカードは，中学1年用，2年用，3年用の3種類の検査用紙がある。多くの場合，学級で集団形式で実施され，生徒が回答に要する時間は約1時限程度かかる。
　一般に心理検査では，事前に質問内容を予告することはしないが，この検査では，「事前指導」が重要な位置を占める。実は検査を受けることそのものが，自己理解を深める作業ともいえるからである。例えば，「○○することは好きですか」といういくつかの質問に答えていくなかで，今の自分を振り返ることができる。そのためテストの実施にあたっては，事前の動機づけが大切になる。漫然と実施した場合と的確な事前指導を行った場合の差は大きい。PASカードには「事前シート」が用意されているので，これを事前指導に活用してもよい。

PASカード

1 質問に答える
　得意科目は……

2 返ってきた結果を見る
　建築士ってけっこうオレ向いてるんだ

3 結果を見せ合って話し合う
　この結果ピッタリだね
　あっ動物も好きなんだね

4 自分発見と将来展望
　よし，ペットと仲良く暮らせる家を設計するぞ！

活用法と留意点：結果はさらなる自己理解の材料に

　生徒の回答をもとに，結果はすべてコンピュータ処理されて，生徒ごとの結果や学級・学年単位の集計結果が打ち出される。これに生徒用の教材「パスカル」を併用することで，自己理解をテーマにした授業を展開することができる。

　また，PASカードの専用ホームページもあり，職業世界へのつながりも実感できる。http://www.toshobunka.co.jp/pascard/

　注意することは，検査の結果を見るときに適性を固定的に考えないことである。PASカードは，質問紙法による検査である。そのため，自分のもっている自分に対するイメージが結果に反映される。例えば，ある職業への適性が低く判定される場合，どんなことが好きか・どんなことが得意かを自分で自覚できていないことが原因の1つにあげられる場合もある。このような場合でも自己理解が深まり，興味や得意なことをはっきりさせていくと適性も変わってくると考えられる。

参考文献　石田恒好他『PASカード手引』図書文化

4 エゴグラム

エゴグラムとは，状況や場面によって異なる人間の心のあり様を，グラフ化したものである。つまり，心のエネルギーの量を目に見える形に表したものである。進路学習の自己理解によい。

▶ 特色：現在の心のあり様を知る

エゴグラムは，バーンの提唱した交流分析理論をもとに，J.M.デュセイが開発した性格分析法である。交流分析では人間の心を，親の心P，大人の心A，子どもの心Cの3つに分けてとらえる。

親の心Pには，厳しい批判的なP（Critical Parent，略してCP）とやさしい保護的なP（Nurturing Parent，略してNP）の面がある。大人の心Aとは，現実状況の判断・損得勘定・能率性・情報収集などの機能のことである。子どもの心Cには，自然なままの自由なC（Free Child，略してFC）と，人に合わせる順応したC（Adapted Child，略してAC）の面がある。

このように，エゴグラムは，心のはたらき（自我状態）を5つに分けて分析し，それを目に見える形（グラフ）にしたものである。つまり，エゴグラムは，自分の心の偏りの様子を自己分析できる有力な方法である。

エゴグラムとほかの心理検査との違いは，単に性格を診断するだけでなく，自分はこうなりたいと望む理想の姿に向かうために，どの部分をどれだけ変えたらよいかという具体的な指標を与えてくれる点である。

▶ 方法：内省法と質問紙法がある

エゴグラムを作成する方法には，直感でグラフを書く方法と，質問紙を使い，5つの自我状態を点数化して，それをグラフにする方法がある。

直感で作成する方法は，まず自分がよく使うと判断した自我状態の様子

3つのエゴ（私）P・A・C

P 親の心 Parent……
- CP 厳しい批判的な親の心
- NP やさしい保護的な親の心

A 大人の心 Adult
現実状況の判断，損得勘定
能率性，情報収集

C 子どもの心 Child……
- FC 自然のままの自由な子ども心
- AC 人に合わせる順応した子ども心

杉田峰康『TAOK MANUAL』適性科学研究センター，P1-1より

をグラフに書き込み，次にいちばん使わない自我状態の様子を書き込む。そして，ほかの自我状態については，さきに書いた2つの自我状態をもとに相対的に書き込んで作成する。

質問紙法エゴグラムには，杉田峰康が開発したもの[1]や，東大式エゴグラム（TEG）などがある。

効果と限界：診断ではなく自己分析に適している

エゴグラムは，自分の自我状態を知ることができる。しかし，「正常―異常」を判定するものではなく，自分の自我状態に気づき，自己分析するためのツールとして用いることが望ましい。エゴグラムを正しく活用するためには，交流分析理論をある程度理解していることが必要である。

また，その人の信念や育ち方の影響で同じエゴグラムの形でも，まったく違う性格の人がいる。この欠点を補完するのが，次節で紹介する「OKグラム」である。

参考文献　[1]杉田峰康『教育カウンセリングと交流分析』チーム医療

5 OKグラム

OKグラムとは，自分に対して「肯定的か」「否定的か」，他者に対して「肯定的か」「否定的か」がわかる心理検査である。対人関係の援助に役立つ。

▶ 特色：自分や他者に対する基本的構えがわかる

交流分析では，ある人の自分や他者に対する感じ方や態度を，その人の「基本的構え」と呼ぶ。OKグラムは，その基本的構えの歪みを教えてくれる検査である。

「基本的構え」の性質を肯定的なものと否定的なものに分け，それぞれをOKあるいは，NOT-OKと表す。「自分はOKである。ほかの人もOKである」（自他肯定）という構えを身につけることができれば，自他の調和のもとで，自分らしい生き方ができる。しかし，人は自他肯定の構えを身につけていることはまれであり，多かれ少なかれ基本的構えの歪みがある。

OKグラムでは，基本的構えをとらえるとき，自己肯定か自己否定か，他者肯定か他者否定かというように二律反背的にはとらえず，自己肯定傾向，自己否定傾向，他者肯定傾向，他者否定傾向の４つの得点を求めて，「基本的構え」をとらえる。青年期には，自己肯定的な側面も自己否定的な側面もともに強いというような両極性をもっていることがあるので，OKグラムは，青年期の心理検査としても有効なものであるといえる。

▶ 方法：質問紙の結果をグラフ化する

杉田峰康によるOKグラムの質問紙を用いる[1]。質問紙は，自己肯定，自己否定，他者肯定，他者否定に関する設問がそれぞれ10ずつあり，全部で40の設問からなる。それぞれの項目の回答を点数化し，それをグラフに表すことで，その人の「基本的構え」の傾向をみることができる。

参考文献 [1]杉田峰康『教育カウンセリングと交流分析』チーム医療

第4章　身につけておきたい診断技法

基本的構え

自己否定・他者肯定　　　　　　自他肯定
私はいいの…　　　　　　　　　すごいね！
　　　　　　　　　　　　　　　私もがんばるわ

私はnot OK　　　　　　　　　　　　　　　私はOK

自他否定　　　　　　　　　　　自己肯定・他者否定
ダメだやって　　　　　　　　　何か文句でも
らんないよ　　　　　　　　　　ある？

他の人はOK / 他の人は not OK / 私 / 他者

　この質問紙の設問の表現は，小・中学生にはむずかしいところがあるので，小・中学校で実施するには，杉田峰康の質問紙をもとに福岡県教育センターが，児童生徒用に作成した「自己・他者肯定感テスト」[2]の小学校低学年・中学年用や小学校高学年・中学生用などを用いるとよい。

効果と活用法：人間関係を築くための方針に

　OKグラムを実施することにより，子どもが人間関係の中で，どこに問題があるかを知ることができ，バランスのとれた人間関係をつくるための支援方法が見いだせる。
　集団で検査を受けた場合，集団OKグラム・パターン（OKグラム・パターン出現率の分布）を示すことにより，集団全体における対人関係の基本的構えの特徴をつかむことができる。この結果は，学級経営や授業改善の方針を打ち出すための参考資料として役立つ。

参考文献
杉田峰康『TAOK MANUAL』適性科学研究センター
[2]福岡県教育センター『自尊感情を高める少人数授業の展開　研究紀要』No.149，2004　http://www.educ.pref.fukuoka.jp/kiyou/149/149-all.pdf

6 S-HTP法

S-HTP法とは，1枚の紙に家と木と人をかくテストである。かくことで心が解放され，かかれた絵から，他者や家族との関係性を読み取ることができる。

▶ 特色：課題画と自由画の両面をもつ簡便な描画法

　S-HTP法は，子どもの自己像や家族との関係を理解するため，1枚の画用紙の中に，家と木と人を入れて好きな絵をかいてもらう描画法である。

　従来のHTPが家と木と人を別々の用紙にかくのに対して，S-HTPは，1枚の画用紙の中に，統合的（Synthetic）に家（House）と木（Tree）と人（Person）をかく。現実や理想の自己像，家族や他者との関係など，より多面的な子ども像を理解することができるだけでなく，必要な用具がわずかで場所も取らないため，実施が簡便である。もし，クラスの中に気になる子どもがいた場合，お昼休みや放課後の数分を利用するだけでその子どもの状態像の一端をうかがい知ることができる。

　さらに「家と木と人を入れて好きな絵をかく」という，課題画と自由画の両面をあわせもっているため，教師にとっての子ども理解を助けるだけでなく，かくこと自体が子どもの心の解放をもたらすことが期待できる。

▶ 方法：家と木と人を1枚にかく

　準備するもの：A4画用紙（横に使用），HBの鉛筆，消しゴム
　教示：「家と木と人を入れて，好きな絵をかいてください。絵の上手下手は関係ありませんが，ていねいにかいてください」

　子どもはかきながら話すことも多いので，描画中の言葉を書きとめたり，かいた順序やかき直した箇所などを記録しておくと，描画を理解する際の助けとなる。かき終わったら，その労をねぎらい，完成した絵を一緒に鑑

> 女子中学生の作品例

再登校を始めたころ（中2の3学期）
〔わかること〕羅列的なかき方，空白の多さ，小さい手と足の省略からは自信のなさがうかがえる。全体的にややさびしげな印象。

新学期が始まったころ（中3の1学期）
〔わかること〕画面いっぱいを使い，家族から自立して自己探索を始めようとする自己像。手のバランスがよく，足もしっかりしている。

賞しながら，季節はいつごろか，何をしている場面か，人はだれか，などいくつか質問をし，それに答えてもらう。

効果と留意点：描画後のやりとりは，現実世界へのリハビリでもある

　S-HTPでは，特に他者や家族との関係性が表現されるため，子どもの対人関係のあり様をうかがい知ることができる。その関係性から，子どもが抱えている困難な状況を理解し，いま必要な心理的支援は何かを考える手がかりとすることが可能である。

　学内の相談室などで絵をかく場合，その行為は，一時的に学校生活（授業や友達関係）から離れて，静かに自己の内面と向き合う時間となる。その結果，退行が促されて，無意識的な内的世界が表現されやすい。しかし，相談室を一歩出ると，そこは子どもにとっての現実世界（学校生活）である。かきっぱなしではなく，絵を介した言葉のやり取りを行うことは，教室へ戻る子どもにとって，気持ちの切り替えをするための大切な時間となる。

参考文献　三上直子『S-HTP法』誠信書房

7 動的学校画

動的学校画とは，学校で活動している場面をかくテストである。学校での子どもの友達関係，教師との関係，自己像等を把握できる。

▶ 特色：発達状況や学校に対する態度がわかる

動的学校画（Kinetic School Drawing）は，心理検査の描画法の1つである。動的家族画を学校場面に発展させた描画法で，Prout, H.T.&Phillips, P.D.によって考案された。

動的学校画の目的は，発達状況や自己像，教師像，友達像等，子どもの学校に対する態度を明らかにすることである。

描画は，会話より防衛の影響を受けにくく，子どもや子どもの問題を理解するうえで役に立つといわれている。小さい子どもや問題を抱えている子どもたちは，言葉で語るよりも描画のほうが抵抗が少なく，絵の主題が人物であればなおさら個人の胸の内をかく。

▶ 方法：学校場面の絵をかき，裏に説明を書く

準備するもの：A4の白い紙，HBまたはBの鉛筆，消しゴム

方法：初めに，用紙の裏面に記名する。次に，「学校の絵をかいてください。何かをやっているところをかいてください。自分・自分の先生・友達を入れてください。マンガにしたり，棒人間をかいたり，ふざけてかいたりしないでください」と説明し，絵をかかせる。紙の向きは自由で，時間は特に制限しない。描画終了後，絵の中の人にかいた順番をつけ，どれがだれなのか書く。その後，裏面に何をしている絵なのか，説明を書く。

留意点：子どもの質問に対しては，方向づけとなるような回答はしない。絵のかき漏れがあったら，終了かどうかを確認し，かき加えを指示しない。

作品例

普通な絵の例

「教室で勉強しているところ」

学習中の絵を描いており，学力的にも問題がないと見られる普通な絵である。

気にかかる絵の例

「ブランコで遊んでいるところ」

自分をブランコのチェーンで囲んで描かれており，他者との関係に不安を感じていることがうかがえる絵である。

描画終了後，かいた絵について尋ねる機会がもてると，なおよい。

効果と留意点：安易に解釈せず，ほかの方法を併用する

　子どもがかく絵は素直で，かいている本人が意図せずとも，その子を取り巻く状況が如実に表れる。友達との微妙な人間関係や，その子の気質が読み取れたりする。

　だが，解釈には専門的な知識も必要で，安易に深読みすることは避けたい。基準はあるが，広く一般化されるほどに研究が進んでいないことや数多くの事例にあたってこそ解釈できるものもある。話を聞く機会を設けたり，ほかのテストと合わせて総合的に見たり（テストバッテリー）しながら，傾向を読み取っていくようにしたい。また，年齢が高くなるほど客観的な絵をかくようになり，読み取りはむずかしくなる。

参考文献　ハウァード・M・ノフ他著／加藤孝正他訳『学校画・家族画ハンドブック』金剛出版
空井健三監修『家族描画法ハンドブック』財団法人矯正協会

書籍2　生徒指導の基本的な文献・参考図書(2)

●生徒指導に関係する理論別の基本図書
- 吉本伊信『内観への招待』朱鷺書房
- 國分康孝・國分久子総編集『構成的グループエンカウンター事典』図書文化
- レイチェル・カーソン『センス・オブ・ワンダー』新潮社
- 伊東博『ニュー・カウンセリング』誠信書房
- 金子賢『ロールプレイング入門』学事出版
- 石隈利紀『学校心理学』誠信書房
- 杉田峰康『教育カウンセリングと交流分析』チーム医療
- 杉田峰康監修／春口徳雄編『ロール・レタリングの理論と実際』チーム医療
- 松岡洋一・松岡素子『自律訓練法』日本評論社
- 園田雅代・中釜洋子・沢崎俊之編著『教師のためのアサーション』金子書房
- 三上直子『S-HTP法』誠信書房
- ハウァード・M.ノフ『学校画・家族画ハンドブック』金剛出版
- 松原達哉『生活分析的カウンセリングの理論と技法』培風館
- 森谷寛之ほか編『コラージュ療法入門』創元社
- 日本ネイチャーゲーム協会編『NATURE GAME　指導者ハンドブック』ネイチャーゲーム研究所
- 南山短期大学人間関係科監修／津村俊充・山口真人編『人間関係トレーニング　第二版』ナカニシヤ出版
- プロジェクトアドベンチャージャパン『グループのちからを生かす―プロジェクトアドベンチャー入門』C.S.L.学習評価研究所

第5章

身につけておきたい個別支援技法

1 感情表出トレーニング
　　（TEE）
2 描画TEE
　　（描画による感情表出トレーニング）
3 行動目録法
4 コラージュ法
5 ロールレタリング
　　（役割交換書簡法）
6 ソリューション・フォーカスト・アプローチ
7 コーチング
8 自律訓練法
9 内観法
10 ロールプレイ

1 感情表出トレーニング（TEE）

> 感情表出トレーニングは，面接では気持ちをうまく言うことができない子どもたちに対して，書くという作業を用いて感情表出を促す方法である。

● 特色：思いつく感情を短い言葉で書く

　感情表出トレーニング（Training for Emotional Expression, 略称TEE）は，いまここでの感情を，肯定的なもの，否定的なもの，いずれの感情をも含めて生き生きと表出してもらうことをねらいとしている。特に，失感情表現症（alexithymia）傾向の不登校の子どもたちに対する支援の手だてとして，筆者（犬塚）が1988年に考案したものである。

　第1の特色として書記的方法（writing method）があげられる。第2の特色としては，台紙と付せん紙と鉛筆があればどこでも実施が可能であるという，その実用性があげられる。

● 方法：付せん紙に書いて分類する

　カード分類表を作成する前半の作業と，分類表を媒介とした言葉と感情のキャッチボールからなり，これを定期的に繰り返していく。

　具体的には，まず，付せん紙に，過去（前回の面談から今回までにかけて）の出来事に対する喜怒哀楽の感情を書く。次に，未来（当面の取り組み課題）に対する希望・願望・不安・恐れなどを思い浮かぶままに書き出す。そして，分類表に自由にはり付けてもらう。なお，分類困難な付せん紙が出てきた場合には，表の中央に特設枠を設けて対処する。

　こうした作業の後で，教師が特定の付せん紙に注目して，例えば，「よかったらそのときの具体的な気持ちを聞かせてほしい」などと"開かれた質問"を行い，それに対する子どもの反応を"積極傾聴"で，受容・共感

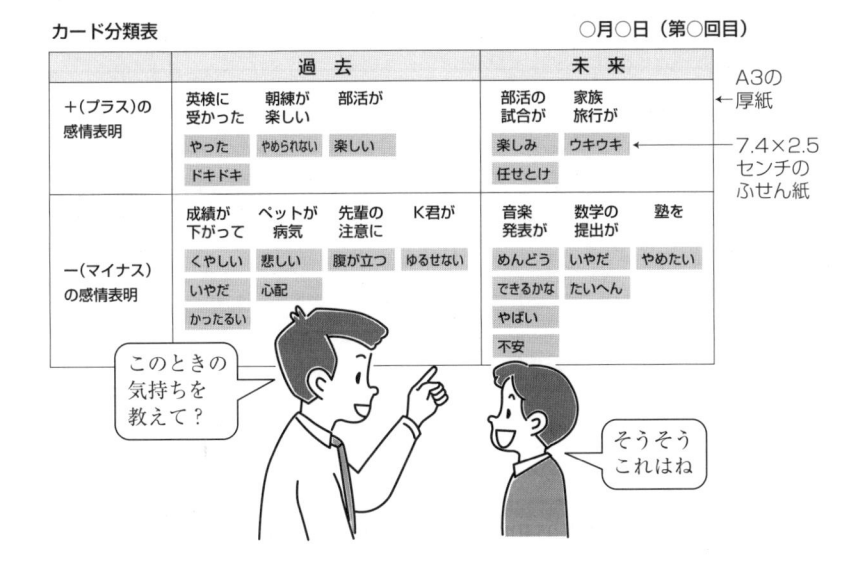

第5章　身につけておきたい個別支援技法

カード分類表								
	過　去				未　来			
＋(プラス)の感情表明	英検に受かった	朝練が楽しい	部活が		部活の試合が	家族旅行が		
	やった	やめられない	楽しい		楽しみ	ウキウキ		
	ドキドキ				任せとけ			
−(マイナス)の感情表明	成績が下がって	ペットが病気	先輩の注意に	K君が	音楽発表が	数学の提出が	塾を	
	くやしい	悲しい	腹が立つ	ゆるせない	めんどう	いやだ	やめたい	
	いやだ	心配			できるかな	たいへん		
	かったるい				やばい			
					不安			

○月○日（第○回目）
A3の厚紙
7.4×2.5センチのふせん紙

「このときの気持ちを教えて？」
「そうそうこれはね」

的に受けとめていく。

▶ 効果と限界：継続的な実施が必要

　具体的な効果は，以下の4点である。
①導入初期の段階では事実経過の羅列にすぎなかった付せん紙に，徐々に感情語が含まれていく。
②同じく導入初期の段階では，分類領域がいずれかに偏る傾向があるが，徐々に表の4領域への広がりをみせていく。
③後半のキャッチボールでも，徐々に感情表現の奥行きと幅が出てくる。
④日常生活場面への波及効果が徐々に表れてくる。
　いっぽう，限界としては，①要する時間が40〜45分と長く，継続してとなると，時間捻出がむずかしいことと，②低学年では文章化による付せん紙への記入はむずかしく，適用対象が限定される点があげられる。

参考文献　犬塚文雄「感情表出トレーニングを導入した教育相談事例の検討」『日本カウンセリング学会第21回大会発表論文集』，1988, 142-143
　　　　　犬塚文雄『子どもたちの生きる力を育む教育カウンセリング』福音社，46-49

2 描画TEE（描画による感情表出トレーニング）

描画を中心としたノンバーバル（非言語的）な手法を用いて，感情表出を促す個別支援技法である。言語表現の苦手な，特に低学年の子どもたちに対して，実施しやすい。

▶ 特色：自由度の高い非言語的技法

描画TEEは，TEE（136頁参照）をより学校で使いやすく再構成したもので，ねらいは共通している。

描画TEE独自の特色としては，①文章化による感情表出が困難な低学年の児童にも実施できるように，描画を中心とする非言語的（non-verbal）な手法を用いている点，②TEEの4つの枠を，過去と未来の2つの枠に絞って簡便化している点，③方法の自由度を増している点（例えば，台紙や筆記用具のサイズや色を子どもたちが選べるなど）があげられる。

▶ 方法：「これまで」と「これから」の2場面を絵に表す

まず，好きな大きさ・色の台紙を選んでもらい，それを半分に折る。左側の枠に過去の（前回の面談から今回までの間に起こった）出来事のなかから1つのエピソードを選んで，その場面を自由に表現してもらう。すなわち，好きな筆記用具を用い，好きな方法で（描画・吹き出しをつけたマンガ・記号などを例示し）表現してもらう。

次に，右側の枠に未来の（今回から次回までに予定している）取り組み課題のなかから1つを選んで，その課題に取り組んでいる様子を自由に表現してもらう。

以上が前半の作品づくりである。後半では，TEEと同様に作品を見ながら言葉と感情のキャッチボールを行う。

第5章　身につけておきたい個別支援技法

| 作品例 | 過去の場面をかく枠 | 未来の取り組みをかく枠 |

作品例
不登校回復期の
小学校2年女子

相談室登校で描いた5回目
1. 作品づくりの所要時間15分
2. 作品を媒介に児童と教師が言葉と感情のキャッチボールを5分間

（教師）左の過去の枠はどんなことをかいたの

（児童）休みの日に妹とシャボン玉をしたの

効果と留意点：絵を見て語られる内容に注目する

具体的な効果は，以下の3点である。

①前半の作業で用いる台紙や筆記用具・表現方法の選択の幅が徐々に広がっていく。

②後半の感情と言葉のキャッチボールで表出される感情の奥行きと幅にも徐々に広がりが見られる。

③同じく，後半のキャッチボールのなかで，過去と未来の作品をつなげる"物語"が語られることがあるが，これは，不登校回復期の1つの指標である進路の自己探求の動きとして注目している。

実施上の留意点としては，①前半後半ともに具体的な例示を入れる必要があること，②TEEと同様に，感情表出の強要と受けとられないような配慮が求められること，③相互法（教師も同時に作品づくりを行う）や併用法（第4節のコラージュ法などと組み合わせて行う）などがあげられる。

参考文献　犬塚文雄「感情表出トレーニングで自分に気づき，自分を変える」，諸富祥彦編『新しい生徒指導のコツ』学習研究社，118-126

139

3 行動目録法

行動目録法は，アパシー（無気力）傾向の子どもたちの，生活リズムの立て直しを図る個別支援技法である。

▶ 特色：生活リズムの立て直しを図る

　行動目録法は，「何をするのもやる気がわいてこない」といった無気力状態に陥りやすい子どもたちに対して，用いられる。現実処理能力（とりあえず，いまやれそうなところから取り組んでいこうとする力）を育てていくうえで，また，くずれかけた生活リズムの立て直しを図る手だてとして，さらには短期の生活設計づくりを促す進路相談の手だてとしても効果的である。この方法は，スチューデントアパシーの学生相談用に松原達哉が開発した生活分析的カウンセリングに，筆者（犬塚）が改良を加えた。

▶ 方法：6つのステップで計画を立てる

　以下の6つの手続きを通して，行動目録図の作成を子どもたちに促す。①カード記入：自分がいまやらなければならないと思っている課題を，思いつくままにカードに書き出す。②グループ分け：カードを分野別にまとめ，分野名を記したカード（例えば，「勉強」「部活」「交友」「生活」「健康」など）を上にして束ねる。③重み（順位）づけ：各分野のカードを，自分にとって必要性の高い順に並べかえる。④行動目録表の作成：A3サイズの厚紙に，分野別・重みづけ順にカードをはり付ける。⑤3大目標設定：全カードのなかから，自分にとって特に重要な課題を3つ選び出し，3大目標として書き出す。⑥具体的計画案の作成：3大目標の具体的な計画案をカードに書き，行動目録表の下にはり付ける。最後に，次回までに，無理のない範囲でこの図を意識した生活に取り組んでほしい旨の励ましの

行動目録表

三大目標	A-1	定期試験の準備をする。	
	B-1	自主トレをする。	
	C-1	Mさんと仲直りする。	

分野別

	A 勉強	B 部活	C 交友	D 趣味
重みづけ順	A-1 定期試験の準備	B-1 自主トレ	C-1 Mさんと仲直り	D-1 料理を作る
	A-2 学習塾の予習	B-2 朝練に参加	C-2 メル友に返事	
	A-3 漢字検定を受ける	B-3 後輩の指導		
	A-4 図書館を利用			

具体的な計画案

- A-1 定期試験準備
  - 期間 ○月○日〜○月○日
  - 時間 平日は1時間 土・日は3時間
  - 範囲 平日は1教科 土・日は3教科 各教科1日5ページを目標とする。

- B-1 テニスの自主トレ
  - 期間 ○月○日〜大会
  - 時間 夕食前の30分
  - 内容 ジョギング10分 屈伸運動5分 素振り15分

- C-1 Mさんと仲直り
  - 今週中に手紙を書く。
  - 自分の本当の気持ちを伝える。

1. やりたいことをカードに書き出して「行動目録表」を作る
2. カードから自分が大事なものを3つ選んで「三大目標」とする
3. 三大目標の「具体的な計画案」を書く

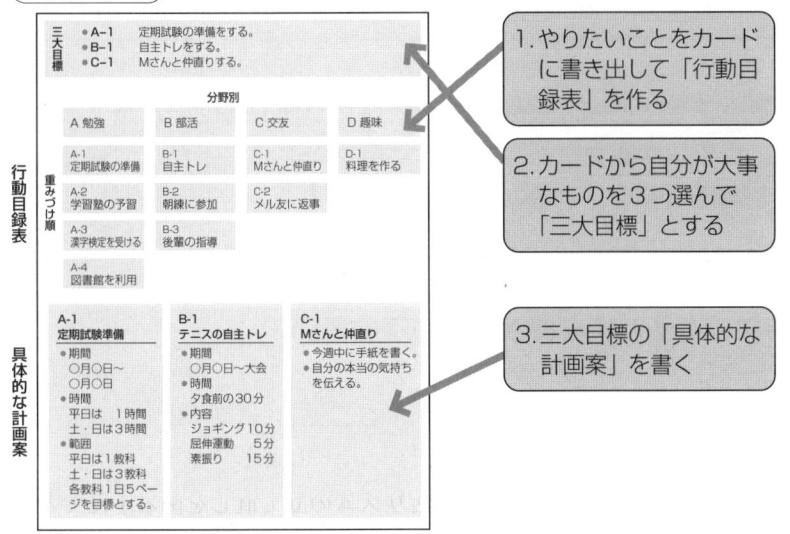

言葉がけを行い，初回面接を終了する。

継続面接では，まず行動目録図を意識した生活にどの程度取り組めたかの振り返りを促す。達成した課題については，その都度サインペンで塗りつぶす。小学生であれば，"ごほうびシール"を渡してはり付けてもらうとやる気が高まる。いっぽう，計画案どおり進まないときには，どうして進まないのか，やり方に問題があるのか等の自己検討を促し，修正計画案を新たに作成し，前の計画案の上にはり付けてもらう。このプロセスを繰り返し，自分なりのペースをつかんでいけるように援助する。

▶ 効果と限界：時間短縮の工夫が必要

効果としては，「モヤモヤしていたことが，書き出すことで明確になり，気持ちの整理ができた」「強制された感じがなく，自主的に取り組めた」という効用が示されている。いっぽう，課題としては，手続きの煩雑さと，継続面接のための時間捻出のむずかしさが指摘されている。

参考文献
松原達哉『生活分析的カウンセリングの理論と技法』培風館
鈴木節子・稲垣応顕・犬塚文雄「女子中学生に対する行動目録法の適用に関する事例研究」『学校教育相談研究，第7・8合併号』，1988，48-55頁。

4 コラージュ法

> コラージュ法とは，造形表現を用いた心理的援助の方法である。心のエネルギーを高めるはたらきがあり，不登校や級友との関係に悩む子どもたちに適用できる。

▶ 特色：造形表現を導入した心理的援助

　コラージュ療法は，現代美術における「コラージュ」技法を，心理療法に応用したものである。心理的な要因で自己表出に課題があり，級友との対人関係の構築にむずかしさが生じている事例に適している。

　例えば，集団の前で緊張が強くなり声が小さくなる子，自分の気持ちを相手に伝えるのが苦手で控えめに行動しがちな子，また，教室で孤立しがちな子，などに適用できる。

▶ 方法：切りとった絵や写真をはって作品をつくる

　大きく分けて2つの方法がある。どちらの方法を採用するかは，子どもの状態を査定して決めることが望ましい。心理的援助の過程で，①の方法から②の方法に移行することもありうる。

　準備するものは両者に共通で，切ってもよい雑誌や広告，画用紙（四つ切りまたは八つ切り），スティックのり，はさみの4種類である。

① コラージュ・ボックス法

　子どもの状態に応じて，はり付ける材料をセラピストがあらかじめ切り取り，ボックスに入れて準備しておく方法である。子どもは，はる材料を選び，台紙に配置して構成する活動を行う。

② マガジン・ピクチャー法

　コラージュ・ボックス法とは異なり，雑誌や広告などから気に入った材料を切り取る段階から子どもが行う方法である。

第5章　身につけておきたい個別支援技法

　どちらの方法とも，子どもは教師に見守られながら制作に取り組む。制作終了後，教師は子どもと非言語・言語双方の感情の交流を行う。作品についての解釈は行わず，「気に入っているところはどこですか？」などと子どもに言語化を促し，共感的に受容する。

◉ 効果：制作過程そのものに効果がある

　これまで，集団場面での過緊張や緘黙症，不登校などの事例に適用されており，非社会的行動の課題を抱える子どもに対して状態の改善が期待できる。こうした効果がもたらされる要因として，コラージュ制作活動の過程で生じる次のような効用が指摘されている。それは，教師との感情の交流を媒介として，「切る」行為の作用と，「はる」行為の作用が相補的にはたらき，心の統合をもたらすというものである（中井[1]）。

　作品を分析するときの主たる観点としては，全体の切片の配置などの形式，素材の内容，色彩がある。作品を一連の流れのなかで見ていく。

引用文献　[1]中井久夫「コラージュ私見」，森谷寛之ほか編『コラージュ療法入門』創元社，137-146

143

5 ロールレタリング（役割交換書簡法）

ロールレタリングとは，自己と他者との役割を転換しながら，書簡(手紙)を交換する方法である。これにより，自己の問題に気づき，自己理解，他者理解を促す自己カウンセリングである。

◉ 特色：相手を変えず，自分の内面を見つめる

　ロールレタリング（Role Lettering）は，春口徳雄が矯正教育において実践し提唱した。自己と他者との役割を転換することによって双方の役割を体験し，自ら「気づく」ことを促し，相手を変えるのではなく自分の内面を変えることでこじれた人間関係を修復していく。ゲシュタルト療法のいすの技法（エンプティチェア）にヒントを得て，手紙方式に応用した。

　最近の中学生の友達関係は非常に危うい均衡の上に成り立っているように感じられる。とにかく傷つきたくない，一人になりたくない，したがって自己よりもさきに他者があり，本音を語れなくなっている生徒が多い。その反面，他者の視点に立てずに自分の一方的な思いだけで集団生活を営み，人間関係を調整する能力が育っていない生徒も増えてきている。

　そんな生徒に対して，手紙を媒介することで本音を語らせ，自己を開示させることができる。また，相手と対決し相手の視点に立つことで，自分の問題に目を向けさせ，自らの力で解決させることが可能である。

◉ 方法：自分と相手の立場に立って，手紙を交換する

　不登校や摂食障害が生じたり，友達との人間関係に悩みを抱いたりしている子どもに，家族や友達にあてた手紙を書かせる。次に，その手紙を受け取った家族や友達の立場に立って自分あてに手紙を書かせる。視点をかえた手紙のやりとりによって，自分の内面を深く洞察させ，他者理解へと導いていく。自らの力で問題解決を図るように支援していく。

第5章 身につけておきたい個別支援技法

```
         自分  母

もう中学生なん              いつまでたって
だからうるさく              も子どもだから
言わないで                 心配なのよ

1. 気になっている相手に手紙を書く    2. 相手になりきって自分あてに手紙を書く
```

　また，学級のあたたかい人間関係を構築するために，ロールレタリングを実施することもできる。大事な人との別れを想定したエクササイズ（例えば難民となって日本脱出）の後に，大事な人との役割を交換した往復書簡を行い，自分の近くに存在する大事な人を認識させる方法や，悔しい思いをさせられた相手との役割を交換した手紙により，こじれた友人関係を修復させたりする方法もある。他者の視点を獲得することで，相手の痛みに気づき，他者を受け入れることができるようになる。学級担任としては，いじめの発見や学級内の友人関係を知る手だてともなる。

● 留意点：無理に書かせない，無理に見ようとしない

　感情を表出することをつらく感じる子どももいるので，無理じいしない。書いた手紙を見せたくないと思う子どもには，提出しない自由を認める。また，自己理解の深まりとともに自己との葛藤が生じることから，教師は書かれた内容を受けとめた後，一人一人の行動観察と支援方法に十分配慮する。

参考文献　杉田峰康監修・春口徳雄『ロール・レタリング入門』創元社
　　　　　　杉田峰康監修・春口徳雄編『ロール・レタリングの理論と実際』チーム医療

6 ソリューション・フォーカスト・アプローチ

必ずしも原因や問題をなくすことをめざすのではなく，解決している状態をつくり出すことを目的として，ミラクルクエスチョンなどの多様な技法を駆使して改善を図っていく，積極的な技法である。

▶ 特色：効率的な援助をめざす心理療法の新しい流れ

ソリューション・フォーカスト・アプローチ（解決志向アプローチ，略してSFA）とは，教育相談・生徒指導の分野で近年注目されているブリーフセラピーの1モデルである。

ブリーフセラピーとは，効果的，効率的な援助のあり方をめざす新しい心理療法の流れである。そこにはいくつかのモデルが存在するが，わが国で最もポピュラーなのがSFAである。

SFAは，参考文献①②の出版などを契機に，心理療法のみならず，教育相談・生徒指導においても有効なアプローチであることが知られるようになった。

▶ 考え方：解決のためのリソースは，その人自身がもっている

SFAでは「問題」と「解決」について次のようなユニークな考え方・発想をもっている。
(1) 問題がなくなることと解決とは必ずしもイコールではない。
(2) 解決をもたらすために，原因や問題を取り上げる必要は必ずしもない。

SFAでは，解決の鍵は以下の3つに存在すると考える。①例外（問題が起こらなかった状況），②未来の解決像，そして③リソース（資源，資質，能力）である。特に，「人は問題を解決するためのリソースをもっている」という前提のもと，子ども（クライエント）の問題にではなく，リソースに光を当てようとする。

仲のよかったAさんとけんかをして学校を休みがちなBさん

SFA

問題がなかったときは？

どうなったらうれしい？

SFA

いっしょに勉強する

SFA

10点満点とすると今は何点？

う〜ん　6点

技法：多くの問いかけでリソースを発見する

　SFAの技法上の特色は，積極的に質問技法を用いる点にある。この点も，発問になじみのある教師に向いているものと思われる。
　具体的には，SFAには次のような質問技法がある。
①問題に対する例外を尋ねる質問
②現在の状況を数字で尋ねる質問（スケーリングクエスチョン）
③未来の解決像を尋ねる質問（ミラクルクエスチョン，タイムマシンクエスチョン）

効果と限界

　SFAは，もともとは心理臨床の世界から生まれたものである。教師がSFAを実践に役立てようとする場合，常に「学校教育のなかでどう生かせるか」という視点を忘れないようにしたい。なぜなら，そのことが教師としての「リソース」を生かすことになるからである。

参考文献　①森俊夫・黒沢幸子『〈森・黒沢のワークショップで学ぶ〉解決志向ブリーフセラピー』ほんの森出版
②栗原慎二『ブリーフセラピーを生かした学校カウンセリングの実際』ほんの森出版

7 コーチング

コーチングとは，自ら考える力を培うことである。パートナーとしてのコーチは，質問型のアプローチを多用し，心理学の知見をフル活用しながら，その人の願いを明確にし，実現のための方法を，その人自身から引き出していく。

ねらい：答えは自分の中にある

コーチングでは，マズローの欲求5段階説の最上級の欲求「自己実現」をめざす。そのためにサポートをする。学校で行うコーチングとは，子どもが自ら考え，行動できるようにするために，教師がサポーターとなって，子ども自身の中にある答えを見つける手伝いをすることである。ここでの教師の役割は，子どもを支えるサポーターである。

コーチングには，次の前提がある。それは，「人はみな，無限の可能性をもっている」「その人が必要とする答えは，すべてその人の中にある」「その答えを見つけるためには，パートナーが必要である」[1]ということである。この前提をもとに，コーチングが展開される。

コーチングで大切なものが横の人間関係である。指導者と指導を受ける者という縦の関係ではない。協力者または共に歩む者といった関係である。

方法：答えを引き出すための発問

コーチングでは，答えは自分自身の中にあると考えている。自分自身の中にある答えをいかに引き出すかが，コーチ（教師）の役割となる。答えを引き出すためには，「何がしたいの」のように答えが複数あるような質問をする。次に，「そのためにどうしたらいいの」というような，将来に答えを出せるような質問をする。そして，「どうすればそれがうまくできるかな」という前向きになるような質問をする。

第5章　身につけておきたい個別支援技法

答えを引き出す発問

1. 桜が咲く4月にはどうなっていたい？ / ○○高校に合格していたい
   キミはどんな格好でどこでだれと何をしているかな / 制服をかっこよく着て□□君とバスで通学するんだ / いいねそれで / キウウ

2. そうなるためにはどうしたらいい？ / 実力テストの点数を上げる
   今何をしたらいいかな / それから / 数学の関数を克服だ / やるぞー！

● 効果と限界：思考力・判断力・言語力のある人向け

　コーチングは，子どもが自分で答えを見つけ，行動できるようになるために用いられる。従来のように，答えを教師側がもっていて，それに気づかせたり，導くものではない。子どもにとっては，自分で考え，自分で答えを見いだすことになるので，行動に結びつきやすく，持続性・継続性もよくなる。自主性・主体性をもって，問題解決を図ることとなる。

　コーチングを学校現場に用いようとするとき，子どもの発達段階を意識して行うことが大切である。コーチングを活用できるのは，思考力・判断力・言語力のある子どもである。一人一人の発達段階を見きわめて使うようにする。

　またコーチングは，生き方やあり方や，思いやりをもつためにはといった価値観にかかわる問題の解決には向いていない。コーチングは，現実的な問題解決志向のものである。

参考文献　①榎本英剛『部下を伸ばすコーチング』PHP研究所

8 自律訓練法

自律訓練法は，体の一部にじっくりと意識を集中させることでリラックスしたりストレスを和らげる技法である。静かに集中したい朝の会や授業，試合前などで活用できる。

特色：セルフコントロールで心身をリラックスさせる

　自律訓練法（Autogenic Training，略してAT）は，不安や緊張から起こる身体症状を緩和する治療法として開発され，今日では学校教育の現場でも広く応用されている。その特徴として，①心理面と生理面に作用する，②心身の状態にそった訓練法がある，③集団指導が容易，④セルフコントロール（自己暗示）の技法である，などがあげられる。

　自律訓練法には複数の治療技法があるが，基本となるのは標準練習である。これは両腕や両脚（四肢）の弛緩を中心とした練習である。

方法：目を閉じて，心の中で公式を唱える

　練習は，あおむけに寝たりゆったりと座るなどくつろげる姿勢で行う。教室ではいすに深く腰かけさせるとよい。できるだけ静かで落ち着ける場所で行う。

　姿勢を整えたら，目を閉じて心身をリラックスさせ，決められた公式を声には出さずに心の中で唱えさせる。各公式を2～3回ずつ繰り返させるが1回の練習時間は2～3分程度でよい。

　まずは片腕の重感練習から始めさせ，次に両腕の重感練習，それができたら両脚の重感練習をつけ加える（第1公式）。両腕両脚の重感練習ができたら温感練習（第2公式）を加えるというように順に進めていく。

　「気持ちが落ち着いている……両腕が重たい……気持ちが落ち着いている……両脚が重たい……気持ちが落ち着いている……両腕が温かい……気

標準練習の公式内容

背景公式（安静練習）
　「気持ちが落ち着いている」
第1公式（四肢重感練習）
　「両腕両脚が重たい」
第2公式（四肢温感練習）
　「両腕両脚が温かい」
〔学校での推奨範囲〕
第3公式（心臓調整練習）
　「心臓が静かに規則正しく打っている」
第4公式（呼吸調整練習）
　「とても楽に息をしている」
第5公式（腹部温感練習）
　「おなか（胃のあたり）が温かい」
第6公式（額部涼感練習）
　「額が心地よく涼しい」

持ちが落ち着いている……両脚が温かい……」。

　最後に，「両手の開閉運動→両腕の屈伸運動→背伸び→開眼」の一連の動作で練習を終える。この動作を消去動作というが，必ずさせるようにする。練習によって特有の生理的変化や意識状態が生じ，まれに不快感や脱力感等を訴えることがあるので，それを避けるためである。

効果と留意点：限度を踏まえた活用

　学級指導や部活指導に自律訓練法を導入したところ，クラス全体が落ち着き，学習への意欲や集中力が高まったり，試験やスポーツの試合のときにリラックスできた，という報告も増えてきた。

　自律訓練法は比較的容易な実践で効果があるが，デリケートな内面にはたらきかけるため，学校現場では第2公式までにとどめておいたほうがよい。また，まずは教師自身が体得し，子どもへの指導も専門家に相談しながら行うのが望ましい。

参考文献　松岡洋一・松岡素子『自律訓練法』日本評論社

9 内観法

内観法は、"ほかの人に対する自分自身のあり方"を思い返すことで、内省を促し、思いやりを高める方法である。思考にはたらきかけることで、感情や行動に変化を与える。

● 特色：過去を振り返って事実を思い出すと気持ちが整理できる

内観法は、吉本伊信によって開発された。特定の人物に対して、自分が「お世話になったこと、迷惑をかけたこと、お返しをしたこと」の3点を具体的に調べていく。生まれてから現在までを数年ごとに区切って行う。

"内観"を続けると、過去の新しい事実がわかったり、ある出来事の意味合いが変わったりする。自分は見捨てられていない、支えられて生かされているのだという気持ちになる。外界との精神的なつながりを取り戻せるようになって、周囲の人への感謝の気持ちが高まり、配慮に報いようとする思いがわいてくる。

● 方法：思い出したことを話したり書いたりする

学校教育で"内観"を活用する場面はさまざまである。

● 朝や帰りの会、道徳、学級会活動、教科などの場面で

"思いやり"の気持ちを高めるために、「お世話になったこと、迷惑をかけたこと、お返しをしたこと」を思い出し、感想を語り合ったり文章にするのが基本のやり方である。

2人組で1人がインタビューし、もう1人が答えるという「インタビュー形式」もある。

応用的な活動としては、だれかになりきって内観を行う「ロールプレイ形式」や、自分の体のある部分（例えば胃など）に対して内観を行う「身体内観」もある。さらには、内観の内容を芸術（絵画等）に表現する活動

など，さまざまな形態がある。

●問題行動の指導場面で

　ルール違反や逸脱行動などの問題行動があったときには，作文や面接の形態で内観を行わせることが多い。"内省"を促し，自他の理解，自他の受容を深め，周囲の人との精神的なつながりを回復させるのである。

効果と留意点：過去のこだわりは修正できるが未来の具体策はむずかしい

　内観法では，「お世話になったこと，迷惑をかけたこと，お返しをしたこと」を思い出すことで，過去の事実の意味合いが修正され，現在の感情も変化する。感情を伴った実感・体感レベルでの理解が生じることで，その後の行動にも影響することが多い。

　しかし，「これから，どう行動を変えたらいいのか」ということになると，内観によって具体的な方法を得ることはむずかしいといえよう。内観そのものは，静的な思考活動にとどまるのが一般的である。

参考文献　吉本伊信『内観への招待』朱鷺書房
　　　　　飯野哲朗編著『思いやりを育てる　内観エクササイズ』図書文化

10 ロールプレイ

> ロールプレイとは，ある役割になりきって，体を動かしたり言葉を発したりする方法である。体感を伴って，感情や思考の深いレベルで内面に訴えかけるので，一般的な説得や説諭以上に行動に変化をもたらしやすい。

▶ 特色：実際に体を動かすことで子どもが変化する

　ロールプレイは，ある役割を演じることで，自分やほかの人の状況などについて考え，理解を深めていく活動である。自分の新しい人間関係のスタイルをつくり上げようという活動でもある。

　実際に動いたり触れたりすることで，観念的な理解にとどまらず，体感を伴って内面に深く入るので，その後の行動に変化をもたらすことが多い。

▶ 方法：いろいろな場面や役割を演じる

●日常的な場面で

　道徳や学級会活動などで，ソーシャルスキルトレーニングのメニューとして利用する方法がある。例えば，あいさつの場面を，表情，声，体の向きなどをさまざまに工夫して演じ，好ましいあいさつの仕方を学んでいく。

　子どもたちが互いにかかわる能力を高めようとする活動もある。例えば，数人で清掃の場面を演じ，ほかの子どもたちは観客となる。掃除にどんな配慮が必要か，メンバーはどうかかわったらいいのかなどについて観察し，感想を言う。演じた子どもたちはそれを受け，もう一度演じてみる。かかわり方の変化に注目して，掃除のやり方を考え，望ましい人間関係について学んでいこうとするのである。

　期待や願望などを明確にして，未来を考える活動もある。例えば，卒業して1年後の自分を演じてみる，10年後の自分と会話してみる，50歳になったクラス会を演じてみるなどである。子どもたちが望んでいる未来の

姿，将来の自己像，友人や家族への期待，社会的な願望などが具体的に現れて，自分の今後の生き方，人生の目標などを確認することができる。

● 子ども同士のトラブルがあったとき

　子ども同士のトラブルがあったときに，ロールプレイでその場面を再現してみることがある。トラブルのあった相手と役割を交換して演じてみたり，だれかに自分を演じてもらって外から観察するなどして，トラブルの意味するものを体験的に理解し，解決策を探っていくのである。

効果と留意点：ロールプレイの可能性はさまざまである

　ロールプレイには，場面を忠実に再現する，条件を変えて演じる，未来の場面・姿を想像する，動物や物になるなど，さまざまなパターンがある。模擬的な活動なので，現実には体験しにくい状況を探ることができる。

　自分と他人（クラスメイトなど）について，状況・環境について，体感や実感を通して具体的に考えることのできる活動である。

参考文献　金子賢『ロールプレイング入門』学事出版
　　　　　飯野哲朗『「なおす」生徒指導「育てる」生徒指導』図書文化
　　　　　飯野哲朗『生徒指導に教育相談（カウンセリング）を生かす』ほんの森出版

書籍3　生徒指導の基本的な文献・参考図書(3)

●理論別の学校実践向け図書

- 園田雅代・中釜洋子『子どものためのアサーション（自己表現）グループワーク』日本精神技術研究所
- 石隈利紀・田村節子『石隈・田村式援助シートによるチーム援助入門』図書文化
- 諸富祥彦編『新しい生徒指導のコツ』学習研究社
- 森俊夫・黒沢幸子『解決志向ブリーフセラピー』ほんの森出版
- 栗原慎二『ブリーフセラピーを生かした学校カウンセリングの実際』ほんの森出版
- 飯野哲朗編著『思いやりを育てる内観エクササイズ』図書文化
- 田上不二夫編『対人関係ゲームによる仲間づくり』金子書房
- 坂野公信監修『学校グループワーク・トレーニング』『同・続』遊戯社
- 中野武房ほか編著『学校でのピア・サポートのすべて』ほんの森出版
- 森川澄男監修／菱田準子「すぐ始められるピア・サポート指導案＆シート集」ほんの森出版
- 中野良顯『ピア・サポート』図書文化
- 小林正幸・相川充編『ソーシャルスキル教育で子どもが変わる　小学校』図書文化
- 渡辺弥生編『VLFによる思いやり育成プログラム』図書文化
- 渡辺弥生・丹羽洋子ほか『学校だからできる生徒指導・教育相談』北樹出版
- 諸富祥彦編著『道徳授業の新しいアプローチ10』明治図書
- 大津一義編著『実践からはじめるライフスキル学習』東洋館出版社
- 川畑徹朗ほか訳『WHOライフスキル教育プログラム』大修館書店
- 皆川興栄『総合的学習でするライフスキルトレーニング』明治図書

第6章 身につけておきたい集団支援技法

1 構成的グループエンカウンター
2 対人関係ゲーム・プログラム
3 アイスブレーキング
4 学校グループワークトレーニング
5 ピア・サポート
6 集団アサーショントレーニング
7 集団ソーシャルスキル教育
8 自然を体感する感性の教育
9 PAプログラム（Project Adventure Program）
10 ニュー・カウンセリング
11 VLF思いやり育成プログラム
12 モラルスキルトレーニング
13 ライフスキル教育

1 構成的グループエンカウンター

構成的グループエンカウンターとは，ふれあいと自己発見を目標とし，個人の行動変容を目的として行われるグループ体験である。主体的に人生を生きる態度を育てる。

特色：グループの力で自己発見する

　構成的グループエンカウンター（Structured Group Encounter，略してSGE）は1970年代後半から國分康孝・國分久子らによって提唱・実践された集中的なグループ体験である。

　ふれあい（本音と本音の交流）と自他発見を目的とする。その方法として，自己理解，他者理解，自己受容，自己表現・自己主張，感受性の促進，信頼体験の6種に分類される心理面の発達を促す課題（エクササイズ）をグループで体験し，気づきや感情を分かち合い，共有する。これにより認知の修正・拡大が起きて，自己発見へつながる。

　SGEは2泊3日で行われるものが原点であり，これをジェネリックSGEという。近年はリレーションづくりなど目的を狭めたスペシフィックSGEが学校現場で広まっている。その基本はジェネリックSGEであり，目標，原理，哲学的・理論的な背景などはジェネリックSGEに由来している。

方法：インストラクション・エクササイズ・シェアリング・介入

　まずリーダー（教師）がエクササイズのねらいや内容，留意点などを説明する（インストラクション）。この際にリーダーが自己開示的なデモンストレーションを行うことが一般的である。次にメンバーがエクササイズを体験する。その後に感じたことや気づいたこと，考えたことなどを語り合って，共有し合う（シェアリング）。このときリーダーは必要に応じて介入を行う。介入の時期や方法により気づきの深まりが異なる。

インストラクション

いいとこさがし

グループの友達のいいところを1つずつ言ってどんどん回しましょう

エクササイズ

○○君は足が速いです
へへ……
○○君は聞き上手です

シェアリング

元気が出てきました
意外なことを言われてうれしいです

効果は…
自分の新たな面に気づく
友達から学べる
心の距離が近づく
人とかかわるスキルと意欲
自分に自信がもてる

効果と留意点：自らが体験することで深まりが出る

　現在SGEは職員研修，道徳教育，国際理解教育，特別活動，進路指導，総合的な学習あるいは各教科教育など多くの分野で実施されている。筆者（髙橋）は朝の会・帰りの会でショートエクササイズを連続実施することによって，参加生徒の自己受容性が有意に高まることを効果測定し，検証したことがある。

　留意点として，ジェネリックからスペシフィックが生まれた経緯を考えると[1]リーダー（教師）が合宿形式のジェネリックSGEを体験することをぜひすすめたい。自らがエンカウンターを体験して，抵抗感やマイナスの感情を見つめることも含めて，心を動かしていくその過程について身をもって感じることが重要である。

　また，学校で実施する際には子ども集団の状況を見取り，それに応じて指導計画を立てることが重要である。これにはQ-U（120頁参照）が活用しやすい。

参考文献　[1]國分康孝・國分久子総編集『構成的グループエンカウンター事典』図書文化，30頁
國分康孝ほか『エンカウンターとは何か』図書文化

2 対人関係ゲーム・プログラム

対人関係ゲームをすると，遊んでいるうちに人とのつながりができ，自然に集団づくりができる。クラスの人間関係がしっくりいっていない，活力あるクラスにしたい，ちょっとギスギスしているときに活用できる。

▶ 特色：ゲームをすることで不安や緊張を吹き飛ばす

「対人関係ゲーム・プログラム」は，学級集団の人間関係づくりのためのカウンセリング技法の1つである。田上不二夫が中心となり，長野の田上臨床教育研究会によって開発された。

もともとは，不登校傾向の子どもが学級に入りにくい状況を改善するために考案されたものである。現在では，学級・集団不適応傾向のある子ども，学級集団のまとまり（凝集性）を高める，いじめや不登校を予防する，授業の成り立たない学級の復興，などをねらいとして，実施されることが多い。

もとになる行動変容原理は「行動カウンセリング」で，行動療法のなかでも，系統的脱感作法の「逆制止理論」（Wolpe, J. 1958）やシェーピング法と自己効力感の原理が関係している。つまり，不安や緊張と「両立しない反応」を引き起こすゲームをすることで，子どもたちの不安や緊張も減らし，知らず知らずいろいろな人とかかわること（対人行動）ができることで，少しずつ自信をもって行動できるようになる，という考え方である。

▶ 方法：リーダーが手順にそって進める

①インストラクション：ゲームの名前と種類を告げる。
②ゲームの実施：動きが停滞しているときには途中介入して行動変容を促す。ゲームによっては，ルールについて注意するタイミングをはかる。
③振り返り：振り返り用紙を活用する。

対人関係ゲームの種類

ゲームの種類	課題	代表するゲーム
①関係をつけるゲーム	集団体験	アドジャン（ひたすらジャンケン，あいこジャンケン，足し算トーク）木とリス，ジャンケンボーリング
②協力をするゲーム		凍り鬼，手つなぎ鬼，人間知恵の輪，カモーン，スクィグル，人間いす，六ムシ
③役割分担し連携するゲーム		くまがり，カンけり
④心をかよわせるゲーム	相手意識	わたしの木，ユアストーン，森の何でも屋さん
⑤折り合いをつけるゲーム		新聞紙タワー，二人でコラージュ，みんなでコラージュ，共同絵画

究極の集団体験「くまがり」：くま，きじ，きつねが三すくみになって追いかけ合い，相手の宝物を争奪する鬼ごっこ。運動能力に影響されず自由度も高いため，全員が楽しめ和が広がる。

分かち合いは，わだかまりの解消が必要なとき，気づきと行動変容がある場合などに行う。参加者の心理的負担に配慮し，必ずしも行う必要はない。

効果と留意点：いろいろな場面で効果的だが頼りすぎない

①不登校の子どもの学級復帰，②軽度発達障害児と学級の子どもたちとの関係づくり，③学級の人間関係づくり，④孤立している子どもの人間関係づくり，⑤授業の成り立たない学級の復興，⑥男女親密化，⑦ソーシャルスキル学習において，独自のプログラムの効果が示されている。ただし，このプログラムだけでなく，普段の生活，授業，行事，学級活動，個別支援，家庭の支援が相乗的に行われることが大切である。

なお実践上のポイントとして，インストラクションでは，「できるだけ多くの人とジャンケンをします」など行う行動についてだけを述べ，「みんなと仲よくなるゲーム」など経験の内容については説明しない。

参考文献 田上不二夫編『対人関係ゲームによる仲間づくり』金子書房

3 アイスブレーキング

アイスブレーキングは，子どもたちの学校（学級）生活場面において生じる過度の"緊張"をときほぐす支援の手だてとして有効である。

ねらい：緊張場面の緩和

犬塚文雄は，緊張場面を緩和する支援の手だてとしてアイスブレーキングの重要性をあげている。アイスブレーキングとは，子どもたち一人一人の心と体の緊張，および，子ども集団の緊張を氷（Ice）にたとえて，それを打ち砕くこと（Breaking）を意味する。

アイスブレーキングには子どもたちの人間関係を円滑にする潤滑油の役割が期待できると同時に，子どもたちの心と体の健康にとっても有効に作用することが精神神経免疫学の知見からも指摘されている。さらに，子どもたちの過緊張状態を緩和し，だれもが言いたいことを言えるような自由で安全な場の雰囲気づくりの手だてとしても，有効である。

方法：短時間の活動でねらいを達成する

あらかじめ，ファシリテーター（教師）は実施のねらい（固い雰囲気をほぐす，楽しさを味わう，心身の緊張をほぐす，参加への不安をやわらげる，みんなが一緒に学習しようという集団規範をつくる，お互いの特徴を知り合う，親しくなる，チームづくりの準備をするなど）を確認しておく。

次に子どもたちにプログラムのねらいや内容，留意点などを説明する。

プログラム実施後の振り返りについては，振り返ることによって，もとの固い雰囲気に戻らないようにすることが大切であり，振り返り用紙で自由記述以外にねらいにそった感想を２，３聞く程度にするなどが考えられる。

第6章 身につけておきたい集団支援技法

◉ 効果と留意点：たださわぐのは逆効果

　アイスブレーキングは研修や授業等の導入として軽く扱われる傾向にあるが，アイスブレーキング単独でも重要な意味をもっている。

　筆者（鈴木）は中学校3年生を対象として，朝の会にアイスブレーキングプログラムを実施することにより，生徒の自己存在感，他者からの受容，学級雰囲気への効果があることを実証的に検証した。

　アイスブレーキングは，ただ，わいわい，がやがやとなって楽しい雰囲気をつくるということではない。「ねらい」をしっかりとつかんでおくことが大切である。アイスメーキング（Ice Making）にならないためにも，教師一人がはしゃいで子どもたちはシラケきっていたりということがないように心がけたい。

参考文献　犬塚文雄『子どもたちの生きる力を育む　教育カウンセリング』福音社
　　　　　津村俊充・星野欣生『Creative Human Relations Vol Ⅷ（IBとクロージング）』
　　　　　行動科学実践研究会

163

4 学校グループワークトレーニング

> 学校グループワークトレーニングとは，グループが本来的にもつ力を活用し，体験学習を通して，望ましい人間形成をめざす学習法である。

◉ 特色：グループが本来もっている力を活用する

　グループワークトレーニング（略称GWT）は，1970年代に故坂野公信らによって，整理されたプログラムである。グループが本来もっている力，メンバー間の相互作用を利用しながら，グループの動きやそこでの人々の感情の流れ，コミュニケーションやグループの生産性などに気づこうとする「体験学習」である。おもに民間企業，行政職員，看護教育，社会教育のリーダー養成・人間開発として実施されてきた。

　筆者（三上）らは，首都圏の教師が中心となり1987年から坂野公信の助言を受け45～50分の授業時間内で実践できる学校GWT財を作ってきた。学校GWT財は，情報を組み立てる，力を合わせる，聞き方を学ぶ，コンセンサスのよさを学ぶ，自分を知るなど集団形成の局面に対応している。

◉ 方法：学校GWT財を使って行う

　学校GWTでは，1単位時間の中で，次の3つのことを行う。
①ある課題（学校GWT財）にグループで取り組み，課題を解決する。
②振り返りシートを使い，課題を解決しているとき，自分も含めグループの一人一人はどういうことをしていたかを振り返る。
③振り返ったことを教師がまとめ，学校生活に生かせるように援助する。

　理論と方法は，行動科学に基礎をおくラボラトリー・トレーニングの学習理論とアドラー心理学，交流分析，クルト・レビンの変革理論などをベースにしている。

効果と留意点：リラックスして取り組める雰囲気づくり

　学校GWTは，総合的な学習の時間，特別活動・学級活動(2)，道徳などの学校教育や教職員，リーダーシップ・トレーニング・センター（青少年赤十字），ジュニアリーダーなどの研修で実施されている。

　GWTでは，課題解決をしていく過程で，仲間意識が生まれ，同じ目標に向かって協力し，成功体験・達成感を分かち合うことで，人間関係が深まる。そして，個が成長すると同時に集団も成長する。

　GWTを実施する学級はあたたかく，支持的・許容的な雰囲気，心理的な安心感がなければならない。そのためにアイスブレーキング（162頁参照）が必要となる。

　また，実施する前に，教師自身が一度体験してほしい。体験することによって，進め方や観察のポイントがつかめるからである。

参考文献　坂野公信監修『学校グループワーク・トレーニング』遊戯社
　　　　　坂野公信監修『続・学校グループワーク・トレーニング』遊戯社

5 ピア・サポート

ピア・サポートとは，思いやりのある子どもを育て，思いやりあふれる風土の醸成をめざす，トレーニング，プランニング，サポート活動，振り返りからなる活動である。

◗ 特色：子どもの主体性を生かすためのトレーニング

　子どもたちは日常生活のなかでさまざまな問題にぶつかり，悩んだり苦しんだりする。しかし，彼らはそうした問題のほとんどを相互に相談したり助け合うことで解決している。ピア・サポートはこの事実に注目する。
　ピア・サポートは新奇な心理学的手法を学校に取り入れようというものではない。学校ではこれまでも多くのピア・サポート的活動が実践されてきた。ただ，トレーニングをするという発想は乏しく，教師主導の色彩が濃く，実態も形骸化している面があった。ピア・サポートは，子どもの力と主体性を生かすこと，トレーニングから振り返りまでを一連のプログラムとして実践することを強調することで，こうした活動を「仲間への主体的なサポート」という本来の姿に近づけようとする活動でもある。

◗ 方法：子どもたちが仲間のためにできることを考える

　トレーニングではエンカウンターやスキルトレーニング等の手法を積極的に活用する。代表的なサポート活動には「相談活動」「お手伝い活動」「低学年への支援」「学習支援」「いじめ防止キャンペーン」などがある。
　子どもたちはトレーニングを生かしてピア（仲間）のために何ができるか，どうかかわればいいかをプランする。活動後は，振り返り学習で次の活動への準備と動機づけを行う。
　なお，実践の枠組みは，実態に合わせて，希望者を募る，委員会，クラスや学年など多様なやり方が考えられる。

参考文献　中野武房・日野宜千・森川澄男編著『学校でのピア・サポートのすべて』ほんの森出版
森川澄男監修・菱田準子著『すぐ始められるピア・サポート指導案&シート集』ほんの森出版

第6章　身につけておきたい集団支援技法

効果と限界：つまずきを成長に変える教師の支援

　子どもたちのサポート活動は常に成功するわけではない。ときにはうまくいかず，傷ついたりやる気をなくすこともある。ただ，そのようにむずかしい面があるからこそ，自分のサポートが人の役に立ったことを実感した子どもは本当に大きく成長する。

　したがって，教師には子どもたちの活動をていねいに見守り，必要に応じてケアし支え励ますこと，すなわち子どものサポーターとなる覚悟と力量が，また教師集団には共通理解と協力が必要になる。

　日本でピア・サポートが広がりだしたのは1990年代後半であり，実証的な報告はまだ多くはない。それでもサポーターの自尊感情の改善，学級適応感の改善，思いやり行動の増加等の報告が散見されるようになってきた。筆者（栗原）も子どもたちの示す思いやり行動にこの活動の可能性を感じている。近年は日本ピア・サポート学会が誕生し，行政区をあげてピア・サポートに取り組む地域も現れるなど，研究も実践も広がりつつある。

参考文献　中野良顯『ピア・サポート』図書文化

6 集団アサーショントレーニング

自他尊重の精神で行うコミュニケーションの精神とスキルを，学級等の集団で学ぶ方法である。発言の少ないクラスやまとまりのないクラスに適している。

◗ 意義：アサーティブな考え方と行動を身につける

自己表現には，①自己中心的な攻撃的な自己表現，②自己否定的な非主張的な自己表現，③自他尊重的なアサーティブな自己表現，の3つのタイプがある。これらの自己表現のうち，③アサーティブな自己表現ができるようにすることを目的としているのがアサーショントレーニングである。

アサーショントレーニングでは，アサーション権を知り人権意識をアサーティブにすること，自己理解を促すこと，他者理解を深めること，自己信頼・他者信頼を経験的に学ぶこと，そしてアサーティブな考え方ができるようにするという一連の過程を学ぶ。

◗ 方法：ロールプレイで体験的に学ぶ

アサーショントレーニングの授業の基本的な流れは次のとおりである。
①3つの自己表現の違いについて理解する

自己表現には非主張的な自己表現，攻撃的な自己表現，アサーティブな自己表現の3種類があり，その特徴がわかる段階。
②アサーティブな自己表現の方法を理解する

モデル（教師）を通してアサーティブな表現を意識して使えるようにし，その表現のよさや使い方を体験学習を通して理解する段階。
③自らアサーティブな表現を試みる

日常的な場面を想定し，より実践的にアサーティブな表現が使えるようにロールプレイを通して学習し，理解を深める段階。

第6章　身につけておきたい集団支援技法

⌈自己表現の3つのパターン⌋

友達が新しいマンガを
読み終えたとき
貸してくれるように
どうやって頼むか

あの…
そのマンガ…

そのマンガ
おれに貸せ！

そのマンガ面白そうだね
もしよかったら貸して

● 効果と留意点：コミュニケーションの喜びを感じさせる

　アサーションの目的は，そのときの相手や状況などによりその場に合った最善の方法で行おうとするコミュニケーションの心を育てることである。したがって，アサーションを使わないほうが得策だと判断したらアサーションを使わなくてもよい。

　留意しておきたいのは，教師が手本となり，子どもの話を最後まできちんと聞くように心がけることである。最後まできちんと自分の話を聞いてもらえるとうれしいし，気持ちがいいという経験を重ねると，自己表現をしようとする意欲がわき，何を言いたいのか自分の気持ちが整理ができる。

　アサーションは，1度や2度の授業で身につくものではない。各教科や領域の指導内容や指導事項には，アサーションの理念や考え方が含まれている。アサーションを意識して指導することは，これらの教育活動をより深く充実させる。「人の話を最後まで聞ける子どもがどれだけ育ったか」が評価基準である。

参考文献　園田雅代・中釜洋子『子どものためのアサーション（自己表現）グループワーク』日本精神技術研究所
　　　　　園田雅代・中釜洋子・沢崎俊之編『教師のためのアサーション』金子書房

7 集団ソーシャルスキル教育

ソーシャルスキルとは人間関係に関する技能。これまでの子どもは多くのかかわりの中から自然に身につけてきたが、かかわりが希薄な現代、意図的計画的に身につけさせることが必要。

◉ ねらい：処世術ではなく、社会性を育てる

現代の子どもたちは社会性が低下している。「自己中心性が高い、集団で問題解決能力が欠如している、社会規範意識が欠如している、集団活動を好まない」がその特徴である。

これは、「自分の内からわき上がる感情を言語化された経験が少ない」「他人の感情を理解することができない」などの望ましい社会体験が不足していることが原因となり、「友達もよい・自分もよい行動」を選択し行動することができないという現状に至っている。

そこで、ソーシャルスキル教育は、ソーシャルスキルを発揮することによって、かかわることの心地よさを実感し、より積極的に自他の気持ちや考えを尊重したり、友達もよく自分もよいかかわり方や解決方法を見いだそうとする社会性を育てることを目標とする。

◉ 特色：ソーシャルスキルは、知って使うまでが大事

ソーシャルスキルは通常、保護者や教師、または友達の行動を見て身につける。子どもはソーシャルスキルを以下のような流れで発揮するようになる。
①その場の状況や相手の状態を的確に読み取り、判断する
②対人状況のなかで何をめざすべきか対人目標を決定する
③対人目標を達成するためには、いかに反応すべきか対人反応を決定する
④対人反応を的確に実行するために、感情をコントロールする

> 集団ソーシャルスキルトレーニングの展開

①**インストラクション**（問題をもつ）　＊言語的教示
　　例「あいさつをしてもらえなかったことはありますか。
　　　　そのときどんな気持ちがしましたか」
↓
②**モデリング**（気づく）　＊モデルを示し，観察させ，模倣させる
　　例「どんなところがいいでしょう」「いいあいさつのポイントは□□です」
↓
③**リハーサル**（体験する）　＊何回も繰り返し反復させる
　　例「□□であいさつをやってみましょう」「□□で○○ゲームをしましょう」
↓
④**フィードバック**（振り返る）　＊評価。スキルのよさを言語化する
　　例「□□であいさつをしてもらってどんな気持ちがしましたか」
↓
⑤**一般化**（意欲をもつ）　＊獲得したスキルの日常場面での実践を促す
　　例「□□であいさつをできるように，各係でできることを考えよう」

⑤自分の思考や感情を，言語（言葉）非言語（手振り・身振り）を用いて相手に伝える

　特に④では，自分の感情的な葛藤を越えて行動する。単なる習慣とは違う，判断を伴った社会性であり，いわゆる耐性はこうして育つ。

方法：集団ソーシャルスキルトレーニング（SST）の進め方

　学校で取り組みたいスキルは，「気持ちのよいあいさつ」「上手な聞き方」「質問する」「仲間への入り方」「あたたかい言葉がけ」「やさしい頼み方」「上手な断り方」「自分を大切にする」などがあげられる。

　まず教師の働きかけでスキルの必要性を理解させる。次にモデルを見せて何度も実際にリハーサルをさせる。どんなところがよかったかを振り返らせる。獲得したスキルは日常場面で，実践を促すという形にする。

　大事なのはリハーサルをしたときの心地よさを実感させること。そして，そのときの感情をしっかりと言語化し定着を図ることである。

参考文献　小林正幸・相川充編『ソーシャルスキル教育で子どもが変わる　小学校』図書文化

8 自然を体感する感性の教育

> 自然を体感する感性の教育は，自然の中で感じ取る感性を大切にし，自分自身への気づきや他者とのかかわりを学んでいく，プロセスを重視した体験的学習である。

◗ ねらい：自然の美しさや面白さ，巧みさを体感させる

　人は豊かな自然の中に身を置くと，心がゆったりとし，心地よさを実感することができる。こうした感性をレイチェル・カーソンは「センス・オブ・ワンダー（神秘さや不思議さに目をみはる感性）」として，その重要性を説いている。しかし現代では自然とのふれあいが少ないために，こうした感性が育ちにくく，子どもたちのなかには，ささいなきっかけで感情的な言動に出てしまったり，命を軽視する傾向が見られる。そこで，自然の中で活動する機会を多くとり，五感を生かした自然体験活動を取り入れ，その美しさや面白さ，巧みさを体感させたい。こうした活動のなかで表現することにより子どもたちは自分の感性を大切にするようになり，自然の中で生きている自分に気づいていく。また，それを心を開いて自然の中で集団で分かち合うことで，他者への理解も広がっていく。

◗ 方法：自ら感じ取り，心に残る自然体験

　自ら気づき，感じ取るプロセスを大切にするために，実際の活動は，個人あるいはグループで自然体験を行い，その後，活動を振り返り，お互いの活動を分かち合うという段階を踏む。その際，教師は効果的な活動を企画し，子どもの活動をサイドから支援する「ファシリテーター（促進者）」として活動していく。
　活動の企画では，感性（見る・聞く・触る・嗅ぐ・味わう等）を実際に使う手だてをはっきりさせ，具体的に絵や図などで表現させる工夫を行う。

参考文献　レイチェル・カーソン『センス・オブ・ワンダー』新潮社
髙城英子「環境教育での活用」，國分康孝監修『エンカウンターで学級が変わる　中学校編 Part.3』図書文化，48〜51

既存の自然体験型のプログラム（ジョセフ・コーネル考案：ネイチャーゲーム等）を研修し，生かしていくことも有効である。
　教え込まず，個々の感性を大切にした活動を十分に行いたい。そのうえでグループの中で活動を振り返り，分かち合う時間を十分取ることを通して，自己を理解し，他者を受け入れる心情を育てていく。

留意点：日常生活でも自然とのつながりを感じさせる

　自然体験では，豊かな自然の中へ出かける学校行事などは貴重であるが，日常生活の中でも，理科・美術（図工）・国語・音楽・家庭科などの教科や，特別活動，総合的な学習の時間などでも実施することができる。
　生徒指導面から自然体験活動を進めていくときには，即効性のある活動ではないので，長期的に感性や人間関係を育てていく姿勢が重要で，根気よく繰り返し，感性を育成していくゆとりを教師自身がもつ必要がある。自然の中で活動する機会の少なくなる中・高校生の活動も大切にしたい。

参考文献　日本ネイチャーゲーム協会編『NATURE GAME　指導者ハンドブック』ネイチャーゲーム研究所

9 PAプログラム (Project Adventure Program)

集団の規範づくりを子どもたちの手にゆだね，体験学習の手法で協力体験や問題解決を行うことで，信頼関係を育てる。それを維持するための一人一人の責任を強化していく。

▶ 特色：アドベンチャーは，信頼関係を育てる体験学習

　1970年ごろボストン郊外の公立の高等学校の教師が中心になって，「Bring The Adventure Home（アドベンチャーをもっと身近に）」というスローガンを掲げてスタートした。アドベンチャーには人の本能を刺激する働きがある。その性質を利用してお互いが協力し合う雰囲気を醸成し，アドベンチャー体験のなかでメンバーが相互に学び合えるように環境を整える。

▶ 方法：アクティヴィティとビーイング

　PAプログラムのコミュニケーションを深める活動には，さまざまなゲームやアドベンチャー活動など（アクティヴィティ）がある。そしてそのなかに「楽しむ」要素や「課題解決」的な要素が含まれる。これらは体験学習の素材となるもので，いわばPAプログラムの身の部分といえる。

　いっぽう，PAプログラムの最も本質的な核となる考え方を代表するのが「ビーイング」である。自分たちの居心地のよさを維持するための責任は自分たちにあることを学ぶための手法でもある。

　まず，何か象徴的な形の輪郭をみんなでかいてみる。元気な人の姿，みんなが手をつないでいる絵でもよい。次にその輪郭の内側に自分たちが安心していられる楽しい学級をつくるために自分でできること，ほかの人にしてほしいことを書き出してみる。また，その逆にほかの人からされるといやなことを外側に書き出す。最後にそれらすべてをクラス全員に確認し

第6章　身につけておきたい集団支援技法

ビーイング

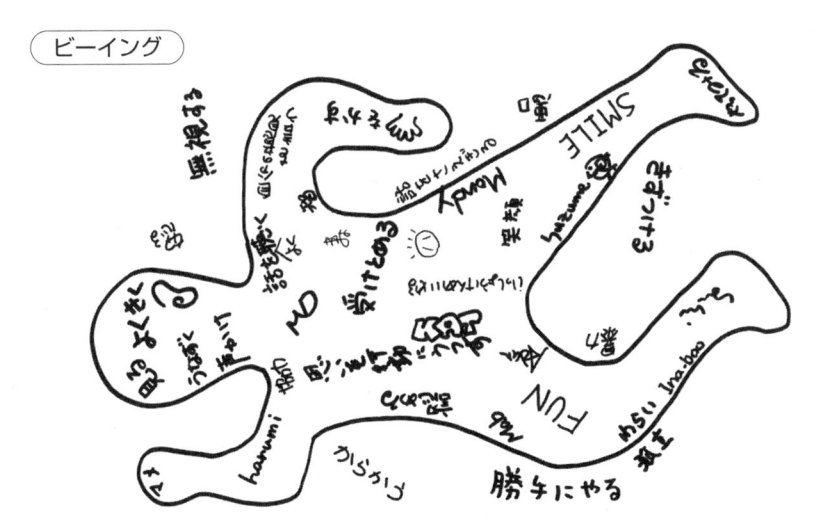

自分たちが安心できる学級にするために，自分ができること友達にしてほしいことを書き出す

てもらって，サインをしてもらう。これを課題解決の活動を行った後などの振り返りに使ってみる。そこに書かれたことで，できたこと，できなかったこと，どこがよかったのか，次に生かすための言葉があったらさらに書き加える。こうして「ビーイング」は変化していく。

その過程で自然に学ぶのは，居心地のよさは与えられるものではなく，獲得するものであり，自分たちに責任があるということである。

効果と限界：いかに子どもに任せられるかがカギ

PAプログラムの手法はほとんどの対象に利用することができる。学級活動や集会，宿泊研修などでの実施が考えられる。

むずかしいのは教師の考え方の切り替えがうまくいくかどうかだ。PAプログラムは信頼関係を基本としている。相手を信頼するから，自分も信頼されるというきわめて当然の仕組みを基本とする。そのアドベンチャーに教師が挑戦する勇気をもてるかどうかがカギとなる。

参考文献　プロジェクトアドベンチャージャパン『グループのちからを生かす―プロジェクトアドベンチャー入門』C.S.L.学習評価研究所
プロジェクトアドベンチャージャパン編著『クラスの人間関係がぐ〜んとよくなる楽しい活動集』学事出版

10 ニュー・カウンセリング

ニュー・カウンセリングは,「アウェアネス（気づき）」を起こりやすくする身体的な体験学習で,身体や物,人とのかかわりを通して,さまざまな感覚を覚醒させ,自分や他者の理解を深める。

特色：身体や五感を通じた気づき（アウェアネス）

ニュー・カウンセリング（New Counseling, 略してNC）は,日本のカウンセリングの草分けである伊東博によって開発された。伊東は,エスリン研究所での実習体験に触発され,帰国後さまざまな試行錯誤を重ねた後,東洋思想,特に道元の「身心一如」（しんじんいちにょ）を基本哲学とする約20種の体験的な実習でNCを構成した。実習は次の5つの要素から成る。

Ⅰ　感ずる「感覚の覚醒（Sensory Awareness）」「ものの声を聞く」など
Ⅱ　体の動き「基本の動き」「瞑想」「ムーヴメント」など
Ⅲ　自己を見る「自己肯定感の測定」「自己表現」「自己理解」など
Ⅳ　かかわる「人とかかわる」「物とかかわる」など
Ⅴ　あらわす「鏡になる（Mirroring）」「感じてみる（Feeling）」など

これらの実習を通して,いま自分の中に起こっていることを,ありのままに,直接に気づくこと（アウェアネス）が主たる目的である。

方法：静けさの中で自分の感覚を深める

NCの方法論は,老子の「以て萬物の自然を輔けて,敢えて為さず」を基本原理とする。すなわちアウェアネスは,物事をあるがまま自然にまかせて,あえて外から手を加えないときに起こるものであると考える。そこで実習では操作的な要素をできるだけ排除し,落ち着いた静かな環境の中で子どものアウェアネスの深まりを待ちたい。

そのなかで教師はできるだけファシリテートせず,目的の達成よりもそ

第6章 身につけておきたい集団支援技法

- 一人で自然の中で過ごしてみる
  （感ずる）
  　風の中にかすかに花のにおいがする

- 二人組になってパートナーを紹介する
  （かかわる）
  　Aさん楽しそう
  　釣りの得意なAさんです。

- からだを委ねてみる（かかわる）
- 頭の重さ,腕,足の重さを感じてみる（感ずる）
  　そっと持ち上げてくれるなあ

- 目を閉じてパートナーに誘導してもらう（感ずる）
  　そっと手で方向を表しているんだな

のプロセスにおいて，子どもがアウェアネスをよりいっそう深めることを最大の目的として実習を進めることが大切である。

効果と留意点：気づきが起こるまでの時間を確保する

　学校における実施場面としては，特別活動，体育の体ほぐし，保健指導などが考えられる。

　これまでの児童生徒対象の研究からは，自己肯定感や学級の人間関係に良好な変化が認められたという報告が数多く出されている。とりわけクラスで孤立している子どもや，自己肯定感が低く，強い無力感を抱いている子どもに対して大きな効果が期待される。

　NCの特徴はⅠ，Ⅱにあるので，自分の体に触ったり体を動かしたりする実習を中心におき，最近の子どもに特に必要な「身体感覚の覚醒」を目標として実施するとよい。最後に，NCを実施する前に教師自身が合宿形式のワークショップを体験しておくことを強く勧めたい。

参考文献　伊東博『ニュー・カウンセリング』誠信書房

11 VLF 思いやり育成プログラム

VLF思いやり育成プログラムは，思いやりの行動を高める体験型プログラムである。他者とのかかわりに関する気づきを深化させ，対人葛藤を乗り越える問題解決力を育む。

◉ 特色：自己表現，他者理解，問題解決能力を重視

　VLFプログラム（Voices of Love and Freedom）は，ハーバード大学のセルマンを中心に，1990年代からボストンの公立幼稚園から高校までを対象に実施されている。
　特色は，①自分の気持ちを伝え，相手の気持ちを理解し，問題解決する力を育てることを重視，②登場人物の気持ちに投影しやすく，文脈理解を促進する絵本などの物語を教材として活用，③ペア活動（パートナーインタヴュー，ペアロールプレイ）を重視し，子ども全員を参加させる，④読む，書く，聴く，話す，すべての行動を重視，⑤問題解決のABC，葛藤のエスカレーターなどメタ認知的な活動を取り入れている，など魅力的な内容が盛り込まれ，子どもの気持ち，思考，行動のすべてに影響を与える。

◉ 方法：4つのステップ

　イラストのように，4つのステップから構成される。
ステップ1　結びつき：教師が個人的な体験を子どもに話し，教師と子どもの関係を親密なものとする。教師の話は，自分の話を他人に話すという行動のモデルとなり，自分もだれかに話をしたいという気持ちを刺激する。
ステップ2　話し合い：対人葛藤場面で登場人物の気持ちや行動をパートナーインタヴューを用いて，話し手と聞き手を両方体験する。
ステップ3　実践：対人葛藤場面をどのように解決するかペアロールプレ

第6章　身につけておきたい集団支援技法

Step1 結びつき
自分の思いを話してみる
「わたしが……のとき，友達の○○が……」

Step2 話し合い（パートナーインタビュー）
「どうして○○はひとりでいるの？」「聞き手」
「えーと，それは…」「話し手」

Step3 実践（ペア・ロールプレイ）
「ありがとう」
交代
主人公になってみる

Step4 表現
主人公に手紙を書く

★自己表現・他者理解・問題解決を行う

　イで体験する。さまざまな視点を推測させ，解決に向けて表現する。
　ステップ4　表現：書く，描くという活動を通して，自分の心に内在化した思いを表現する。日記（一人称の練習），手紙（二人称の練習），物語の続きをつくる（三人称の練習），などを用いる。

効果：発達のアセスメントになる

　現在，日本の道徳や特別活動などの授業に添うように各地で実践されている[1]。
　プログラムを実践する前に，個々の子どものソーシャルスキルや役割取得段階（相手の気持ちをどれだけ推測できるか）の発達を理解しておく。授業でのパートナーインタヴューやペアロールプレイ，書いたもの，などを通して，子どもたちの価値観，スキルの変化が明らかになることから，プログラムは効果をもたらすだけでなく，児童生徒理解につながる。このプログラムの理解は，子どもの発達を見きわめるスキルを教師に与える。

参考文献　[1]渡辺弥生編『VLFによる思いやり育成プログラム』図書文化
　　　　　渡辺弥生・丹羽洋子ほか『学校だからできる生徒指導・教育相談』北樹出版

179

12 モラルスキルトレーニング

モラルスキルトレーニングとは，具体的な道徳的行動の仕方を身につけながら，内面的道徳性の育成を図るトレーニングである。

▶ 特色：行動化できる道徳心を育てる

　道徳的な善悪の判断はできるのに，それを行動に移せない子どもたちがいる。そうした子どもたちには，行動の仕方を教えるスキルトレーニングが有効である。しかし，たんにスキルを教えるだけでは道徳性は育成できない。そこで，道徳資料を用いて道徳場面を想定し，複合的な道徳的行動のスキルを教える目的で開発されたのが，モラルスキルトレーニング（Moral Skill Training，略してMoST）である。このやり方は，近年，上越教育大学道徳教育研究室によって提唱され，実践研究が進められている。

　MoSTではロールプレイングを使用する。そのロールプレイングは，通常のスキルトレーニングで行われるロールリハーサルと，心理劇から派生したロールプレイングとの中間に位置し，ある程度の「型はめ」とある程度の「自発性の尊重」を行う。

▶ 方法：資料を教材にロールプレイする

　MoSTにはいくつかのパターンがあるが，典型例は次のようなプロセスで展開する。①資料提示（道徳資料を提示する），②ペアインタビュー（登場人物になって2人でインタビューし合う），③ロールプレイング（資料の一場面を演じてみる），④シェアリング（感想を述べ，意見交換する），⑤メンタルリハーサル（資料とは別な場面を子どもたちにイメージさせる），⑥ロールプレイング（イメージしたものを演じる），⑦シェアリング，⑧課題の提示（身につけたスキルを日常場面で使えるように課題を出す）。

効果と留意点：形ばかりの行動にならないように

　MoSTは，行動の変容を促し，かつ，道徳性の育成を促すことが確認されている。道徳教育の１つの方法として開発されたものだが，人間関係づくりや集団づくりにも効果があるため，学級活動の時間に行うことも可能である。

　活用にあたっては，まず，子どもたちが必要としているモラルスキルが何なのかをしっかりと把握することが大切である。というのも，すでに身につけているスキルをトレーニングするだけでは，新鮮味がなくやる気がそがれるし，現状からかけ離れた高度なことをトレーニングするのでは，形をまねるだけで，内面的道徳性が育たないからである。また，MoSTではロールプレイングを使うが，教師がプレイの監督者としてトレーニングを積んでおく必要がある。子どもたちが，自発的なプレイから，道徳性の育成につながるような気づきを得られるかどうかは，監督者の能力次第だからである。

参考文献　諸富祥彦編著『道徳授業の新しいアプローチ10』明治図書

13 ライフスキル教育

ライフスキルとは，人々が日常生活の要求や挑戦にうまく対処できるように，適切かつ積極的に行動するための能力である。健康問題に対して，知識だけではなく，心理社会的要因に対する具体的な対処の技術を学ばせる。

特色：健康にかかわるすべての領域を扱う

WHOの精神保健部では，1994年に，青少年における酒・たばこ・薬物乱用，不安・抑うつ，無防備な性行為，若年層の妊娠，中絶，虐待，自殺，学校中退など，世界各国で起こっているさまざまな社会問題を未然に防ぎ，早期に対処するための方法として，ライフスキル教育を学校の教育課程に導入するためのガイドラインを公表した。そのなかで主要な領域として，以下の10項目を示している。

①意志決定スキル（Decision making skills），②問題解決スキル（Problem solving skills），③創造的思考（Creative thinking），④クリティカル思考（Critical thinking），⑤効果的なコミュニケーションスキル（Effective communication skills），⑥対人関係スキル（Interpersonal relationships skills），⑦自己認識（Self-awareness），⑧共感性（Empathy），⑨情緒対処スキル（Coping with emotions skills），⑩ストレス対処スキル（Coping with stress skills）

健康阻害の原因には，人間の情緒や行動が深く関与し，健康問題の知識だけでなく心理的・社会的要因に対処するためのスキルも重要である。ライフスキル教育は体系的・系統的なプログラムの構成によって，これらを確実に形成していこうというものである。

方法：さまざまな方法のグループワーク

体験的なスキルトレーニングが不可欠であり，グループワークの手法が

第6章　身につけておきたい集団支援技法

> もしもタバコに誘われたら

実際やってみて，断る方法を考えたり，断るときのむずかしさを味わう

（お前もタバコ吸えよ　みんな吸ってるぜ）
（ぼくはいいよ　今，身長を伸ばしたいから）

そうだ　　　　そうだ
A　　B　　C　　D
タバコを誘う役　　　　　　　断る役

頻繁に用いられる。おもな手法としては，ブレーンストーミング（連想アイデアゲーム法），ロールプレイング（役割演技法），ディベート（思考能力の開発学習）などがある。

◉ 留意点：全教育課程への位置づけが必要

　前述したように，ライフスキル教育は，一部のプログラムを単発的に実践して，効果が期待できるものではない。確実にスキルを形成していくためには，系統的，体系的なプログラム構成が必要である。そこで，重要なのは，学校体制で臨むことである。教育活動全体のなかで，カリキュラムを立てていくことが必要である。まずは，実施の第一歩として，管理職，養護教諭，保健主事，栄養職員，体育教師など，健康教育に携わる職員や教育課程編成にかかわる教師など，何人かでワークショップなどに参加するなどして，ライフスキル教育についての理解を深めることから始めることが大切である。

参考文献
大津一義編著『実践からはじめるライフスキル学習』東洋館出版社
WHO編　川畑徹朗ほか訳『WHOライフスキル教育プログラム』大修館書店
皆川興栄『総合的学習でするライフスキルトレーニング』明治図書，24-25頁

索引

あ

アイスブレーキング　162, 165
愛他行動　43
アイ（私）メッセージ　72
アウェアネス　176
アカウンタビリティ　25
アサーションスキル　116
アサーショントレーニング　168
アスペルガー（症候群）　13, 88
アセスメント（Assessment）　13, 22, 84, 108, 114
新しい荒れ　10, 12
アドラー心理学　164
アパシー（無気力）　140
アンカーファクター　21, 28
いじめ　26, 76, 78, 80, 112, 120, 122, 145, 160
インシデント・プロセス　30, 86
インストラクション　158
インターベンション（介入）　82, 158
インターンシップ　103
エクササイズ　158
エゴグラム　126
援助資源チェックシート　109, 111
援助チームシート　109, 110
追い込みファクター　21, 28
思いやり行動　167

か

ガイダンス　12, 15
ガイダンスの機能　24
ガイダンスの3領域　25
介入（インターベンション）　82, 158
開発的カウンセリング　17
開発的生徒指導　57
カウンセリング　12, 17, 24, 60, 67, 102
学級活動　39, 47, 57
学級経営　62, 64, 66, 93, 98
学級懇談会　96
学級通信　96
学級づくり　66, 81, 121
学級適応感　167
学級日誌　22, 66
学級崩壊　121
学校危機　113
学校行事　57
学校グループワークトレーニング　164
家庭裁判所　83
感情の交流　143
感情表出トレーニング（TEE）　136
観念的な指導　76
緘黙症　143
管理主義的な脅しの対応　19, 29
管理的指導　76
聴き合い活動　54
危機介入　20, 112, 113, 114, 116
毅然とした対処　18, 44
毅然とした態度　114
気づき　172
規範意識　38, 40, 42, 170
基本的構え　128
基本的行動様式　32, 34, 36
基本的（な）生活習慣　32, 34, 36
基本的欲求　12, 18
きまり（の）遵守　38, 40, 42
逆制止理論　160
キャリア教育　100, 102, 104, 124
キャリアモデル　105
ギャングエイジ　38
教科指導　44, 46, 48
共感的な人間関係　24, 45, 48, 50
凝集（性）　80, 160
共通理解シート　27
虞犯少年　83
クラブ活動　57
グループワークトレーニング　164

軽度発達障害　161
ゲシュタルト療法　144
原因帰属　122
高機能自閉症　88
向社会的行動　27, 43
構成的グループエンカウンター　60, 64, 101, 158
行動目録法　140
校内暴力　10, 12
校門指導　18
交流分析　126, 128
コーチング　148
コーディネーター　28
個人情報　87
言葉と感情のキャッチボール　20
子どもの権利条約　17
個別教育計画　84
個へのアプローチ　78
コラージュ・ボックス法　142
コラージュ法　139, 142
コンプリメント　30

さ

在学契約関係　40
サイコエデュケーション　87
サポートチーム　83
参画意識　57, 60
シェアリング　158, 180
シェーピング法　160
自我状態　126
自己決定　24, 45, 48, 50, 98
自己肯定感　57, 104, 176
自己効力感　98, 160
自己実現　11, 12, 15, 18, 56
自己指導　16
自己指導力　15, 45, 48
自己存在感　24, 45, 48, 50, 54, 163
自己表出　142
自己暴発　11
自傷他害行為　11
自然体験活動　172

自尊感情　49, 167
失感情表現症　136
質問技法　147
児童虐待　83
児童生徒会活動　57
児童生徒理解　20
児童相談所　83
児童福祉法　83
社会性（の）育成　39, 41
集団心理　80
集団全体へのアプローチ　79
集団づくり　56, 58, 80
授業規律　44
授業マナー　47
出席停止制度　85
受容主義的なおだての対応　19, 29
消極的生徒指導　16, 17, 18, 28
消去動作　151
少年法　83
書記的方法　136
触法少年　83
自律訓練法　150
事例検討会　27, 30, 86, 121
人権教育　95
心理教育的指導　76
進路指導　40, 100, 102, 104, 124
スーパーバイザー　29, 30
スクールカウンセラー　13, 71, 86, 106
すくみ反応　70
スケーリングクエスチョン　147
スタディスキル　45, 46
ストレスマネジメント　117
生活記録帳　22
生活分析的カウンセリング　140
性教育　94, 96, 98
青少年の凶悪犯罪　12, 26
生徒指導　10, 13, 17, 20, 24, 26, 29, 44, 56
生徒指導体制　82

生徒指導の機能　24
積極傾聴　137
積極的生徒指導　16, 17, 18, 28
摂食障害　144
セルフコントロール　150
セルフエスティーム（自尊感情）　92
セルフコントロール　122
ゼロトレランス　18
センス・オブ・ワンダー　172
総合的な学習の時間　49, 50, 52, 54
ソーシャルスキル　33, 58, 170, 179
ソーシャルスキルトレーニング　154
ソリューション・フォーカスト・アプローチ
　（解決志向アプローチ）　146

た

第二次性徴　38
怠学　122
体験学習　164
対人関係ゲーム・プログラム　160
体罰　19
タイムマシンクエスチョン　147
チーム援助　84
チーム援助会議　85
チームガイダンス　26, 29
チームサポート　106, 108
チャンス相談　18
中途退学　91
治療的カウンセリング　17
ティーチングスキル　44, 49
ディベート　52, 183
適応指導教室　73
動的家族画　132
動的学校画　22, 132
道徳　47, 50, 52, 54
道徳的実践力　32, 36, 39
特別活動　39, 56, 58, 60
特別支援教育　99, 108
特別支援教育コーディネーター　92
トリートメント（Treatment）　13, 22

な

内観法　152
二次障害　88, 90, 92
ニュー・カウンセリング　176
ネイチャーゲーム　173
ノーチャイム制　40

は

パターナリズム　42
発達障害　88, 90, 92
犯罪少年　83
犯罪被害防止教育プログラム　87
反社会的行動　27
ピア・サポート　166
ピアプレッシャー　10, 78, 80, 115
非行　88, 90, 122
非行防止教育プログラム　87
非行問題　82, 84, 86
非社会的行動　27, 143
描画 TEE　22, 138
描画法　130, 132
標準練習　150
開かれた質問　136
ファシリテーター（促進者）　172
不登校　26, 70, 72, 74, 76, 88, 90,
　108, 112, 120, 122, 139, 143, 144,
　160
プラグマティックな視点　14
ブリーフセラピー　116, 146
振り返り　172
ブレーンストーミング　183
プロアクティブ　82, 87
ペアインタビュー　180
ペーシング　13, 14, 22, 29, 116
報・連・相（報告・連絡・相談）　26,
　114
ホームルーム活動　39
保健室　97
保健指導　94, 96, 98
ボランティア活動　103

ま

マガジン・ピクチャー法　142
マズローの欲求5段階説　148
ミラクルクエスチョン　147
ムーヴメント　176
メンタルリハーサル　180
燃え尽き（バーンアウト）　29
モデリング　42
モニタリング　85
モラルスキルトレーニング　180

や

薬物乱用　82
役割取得　179
養護教諭　97, 106
欲求不満耐性力　11
予防的生徒指導　57
寄り添い（う）　60, 78, 113

ら

ライフスキル教育　182
ラボラトリー・トレーニング　164
リアクティブ　82
リストカット　94
レディネス　44, 49
ロールプレイ（ング）　52, 152, 154, 168, 180, 183
ロールレタリング（役割交換書簡法）　144

わ

分かち合う　172

その他

AD/HD　13, 88
Assessment（アセスメント）　13, 22, 84, 108, 114
K-13法　121
LD　13, 88
NLP（神経言語プログラミング）　116
OKグラム　128
PAプログラム　174
PASカード　124
POEM　122
Q-U　120
S-HTP法　130
SOATシート　21, 22
Treatment（トリートメント）　13, 22
VLFプログラム　178

人名

A.トラックスラー　15
A.マズロー　11, 12, 17
C.ロジャーズ　19, 24
J.ヘルバルト　15, 19
J.M.デュセイ　126
伊東博　176
河村茂雄　120
キャプラン　112
國分久子　158
國分康孝　30, 158
坂本昇一　24
セルマン　178
田上不二夫　160
水戸谷貞夫　15
吉本伊信　152

分担執筆者一覧（敬称略，50音順）

2006年9月現在

会沢　信彦	文教大学助教授	P.146〜147
飯野　哲朗	静岡県立川根高等学校教頭	P.152〜155
池島　徳大	奈良教育大学助教授	P.76〜81
池田なをみ	神奈川私立中・高スクールカウンセラー	P.130〜131
石井ちかり	神奈川県湯河原町立湯河原中学校教諭	P.126〜129
犬塚　文雄	横浜国立大学教授　編者	P.10〜30，136〜141
大熊　雅士	葛飾区立住吉小学校副校長	P.170〜171
岡田　弘	東京聖栄大学助教授	P.148〜149
尾高　正浩	千葉市立真砂第四小学校教諭	P.50〜55
鎌塚　優子	三島市立北中学校養護教諭	P.94〜99，182〜183
川端　久詩	横須賀市立公郷中学校相談学級教諭　編集協力者	P.70〜75
木内　隆生	東京都立若葉総合高等学校副校長	P.38〜43
栗原　愼二	広島大学大学院助教授	P.166〜167
小出　俊雄	糸魚川市立糸魚川東中学校校長	P.62〜67
小太刀和男	応用教育研究所	P.122〜123
齋藤美由紀	広島県立教育センター指導主事	P.32〜37
鈴木　廣和	川崎市立南加瀬中学校教諭	P.162〜163
鈴木　教夫	春日部市立武里小学校教諭	P.168〜169
髙城　英子	松戸市立第一中学校教諭	P.172〜173
髙橋　浩二	横浜市立南希望が丘中学校教諭　編集協力者	P.56〜61，158〜159
滝沢　洋司	千曲市立治田小学校教諭	P.160〜161
田島　聡	神奈川県立西湘高等学校教諭　編集協力者	P.100〜105
野澤　晋	茅ヶ崎市立茅ヶ崎小学校教諭	P.112〜117

橋本　芳江	小田原市立豊川小学校教諭	P.132～133
花輪　敏男	山形県立上山高等養護学校長	P.88～93
林　壽夫	株式会社プロジェクトアドベンチャージャパン代表	P.174～175
林　泰成	上越教育大学助教授	P.180～181
藤川　章	杉並区立中瀬中学校校長	P.44～49
細井　由美	茅ヶ崎市立松浪中学校教頭	P.144～145
堀口　哲男	応用教育研究所	P.124～125
松岡　洋一	岡山大学大学院教授	P.150～151
三上　吉洋	横浜市立西富岡小学校教諭	P.164～165
村上　凡子	和歌山信愛女子短期大学講師	P.142～143
村田巳智子	富山市立針原小学校教頭	P.120～121
八並　光俊	東京理科大学教授	P.82～87
米本　剛	群馬県邑楽町立邑楽南中学校教諭	P.176～177
米山　成二	藤沢市相談指導教室室長　編集協力者	P.106～111
渡辺　弥生	法政大学教授	P.178～179

編集

犬塚文雄（いぬづか ふみお）
　1950年東京都に生まれる。東京教育大学大学院修士課程修了。神奈川県の私立中学・高校・大学のカウンセラー，浜松医科大学保健管理センターの専任講師，上越教育大学生徒指導講座の助教授・教授を経て，2000年4月より，横浜国立大学大学院教育学研究科学校教育臨床専攻の教授。主著に『子どもたちの生きる力を育む教育カウンセリング』（福音社），編著に『わかりやすい生徒指導論』（文化書房博文社），共著に『道徳教育論』（日本放送出版協会）などがある。現在，日本学校教育学会，日本生徒指導学会，日本カウンセリング学会と日本特別活動学会の理事を歴任，日本教育カウンセラー協会認定の「教育カウンセラー」でもある。

編集協力

川端久詩（かわばた ひさし）　横須賀市立公郷中学校相談学級教諭
髙橋浩二（たかはし こうじ）　横浜市立南希望が丘中学校教諭
田島　聡（たじま さとし）　神奈川県立西湘高等学校教諭
米山成二（よねやま しげじ）　藤沢市相談指導教室室長

図でわかる 教職スキルアップシリーズ4
社会性と個性を育てる 毎日の生徒指導

2006年11月20日　初版第1刷発行　[検印省略]
2007年 1月10日　初版第2刷発行

編　者　©犬塚文雄
発行人　工藤展平
発行所　株式会社 図書文化社
　　　　〒112-0012　東京都文京区大塚1-4-5
　　　　Tel 03-3943-2511　Fax 03-3943-2519
　　　　http://www.toshobunka.co.jp/
　　　　振替　00160-7-67697

組版・イラスト・装幀・印刷　　株式会社 加藤文明社
製本所　合資会社 村上製本所

Ⓡ本書の全部または一部を無断で複写複製（コピー）することは著作権法上での例外を除き，禁じられています。本書からの複写を希望される場合は，日本複写権センター（03-3401-2382）にご連絡ください。
乱丁・落丁本の場合はお取り替えいたします。
定価はカバーに表示してあります。
ISBN4-8100-6478-6 C3337

図でわかる 教職スキルアップシリーズ 全5巻

初任から10年めの教師に贈る，一生モノのシリーズ

A5判・約180頁　本体各 1,800 円／本体セット 9,000 円

教師の間で受け継がれてきた教職のスキルを，学問的背景や幅広い実践経験にもとづいてまとめました。

教職についたその日から，すぐに求められる5つのテーマ

▶ **1　子どもに向きあう授業づくり**　　生田孝至 編集
－授業の設計，展開から評価まで－
授業の基本の型を身につけ，自由自在に展開するための授業技術入門。

▶ **2　集団を育てる学級づくり12か月**　　河村茂雄 編集
学級づくりの原理と教師の具体的な仕事を，1年間の流れにそって提示。

▶ **3　学びを引き出す学習評価**　　北尾倫彦 編集
自らのなかに評価規準をもち，意欲をもって学び続ける子どもを育てる。

▶ **4　社会性と個性を育てる毎日の生徒指導**　　犬塚文雄 編集
新しい荒れに迫る，「セーフティ」「カウンセリング」「ガイダンス」「チーム」の視点。

▶ **5　信頼でつながる保護者対応**　　飯塚峻・有村久春 編集
かかわりのなかで保護者と信頼関係を築くための具体策。

シリーズの特色
- 要点をビジュアル化した図やイラスト
- どこからでも読める読み切り方式
- 実用性を追求し，内容を厳選した目次

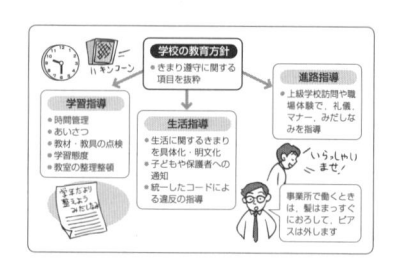

図書文化

060925_04　　　　　　　　　　　　　　　　　　※定価には別途消費税がかかります